Inovação
em Gestão de Projetos
na Administração Pública

**Lilian Treff
Linamara Rizzo Battistella**

(organizadoras)

Inovação
em Gestão de Projetos na Administração Pública

Copyright© 2014 por Brasport Livros e Multimídia Ltda.

Todos os direitos reservados. Nenhuma parte deste livro poderá ser reproduzida, sob qualquer meio, especialmente em fotocópia (xerox), sem a permissão, por escrito, da Editora.

Editor: Sergio Martins de Oliveira
Diretora: Rosa Maria Oliveira de Queiroz
Gerente de Produção Editorial: Marina dos Anjos Martins de Oliveira
Revisão de Texto: Maria Inês Galvão
Editoração Eletrônica: Michelle Paula
Capa: USE Design

Técnica e muita atenção foram empregadas na produção deste livro. Porém, erros de digitação e/ou impressão podem ocorrer. Qualquer dúvida, inclusive de conceito, solicitamos enviar mensagem para **editorial@brasport. com.br**, para que nossa equipe, juntamente com o autor, possa esclarecer. A Brasport e o(s) autor(es) não assumem qualquer responsabilidade por eventuais danos ou perdas a pessoas ou bens, originados do uso deste livro.

I35
      Inovação em Gestão de Projetos na Administração Pública / Lilian Treff; Linamara Rizzo Battistella, organizadoras - Rio de Janeiro: Brasport, 2013.

  ISBN: 978-85-7452-631-7

    1. Gestão de projetos   2. Administração pública   I. Treff, Lilian II. Battistella, Linamara III. Título

                                            CDD: 658.404

Ficha Catalográfica elaborada por bibliotecário – CRB7 6355

BRASPORT Livros e Multimídia Ltda.
Rua Pardal Mallet, 23 – Tijuca
20270-280 Rio de Janeiro-RJ
Tels. Fax: (21)2568.1415/2568.1507
e-mails: marketing@brasport.com.br
         vendas@brasport.com.br
         editorial@brasport.com.br

site: **www.brasport.com.br**

Filial SP
Av. Paulista, 807 – conj. 915
01311-100 São Paulo-SP
Tel. Fax (11): 3287.1752
e-mail: filialsp@brasport.com.br

Agradecimentos

Tudo começa com um sonho. Como dizia Thoreau (filósofo e pensador, 1817), "siga confiante na direção dos seus sonhos. Viva a vida que imaginar". E foi exatamente o que fizemos, mas não sozinhos, pois nenhuma realização é isolada, ou é devida exclusivamente ao seu autor nominal.

Destarte, nesse momento especial gostaríamos de agradecer a todas as pessoas que acreditaram no nosso sonho e potencial para colocá-lo em prática, nos dando injeção de ânimo em nossa trajetória de implementação do PMO e principalmente na manutenção da metodologia de Gestão de Projetos, nos ajudando a viabilizar o sucesso nesta empreitada.

Não somos o que sabemos. Somos o que estamos dispostos a aprender"
(Council on Ideas)

Prefácio

Para mim é sempre um prazer e uma alegria apresentar um livro que aborda as melhores práticas para a implementação do gerenciamento de projetos na administração pública. E falo isso porque quando tratamos de projetos como os implementados pela Secretaria dos Direitos das Pessoas com Deficiência do Governo do Estado de São Paulo estamos falando muito mais do que cumprir prazos e custos. Estamos falando de realizar benefícios que, por sua vez, são traduzidos em melhores condições de vida, igualdades de direitos e inclusão social das pessoas com deficiência.

Dividido em oito grandes tópicos, é um livro que traz uma coletânea de experiências que vai desde a implementação do escritório de projetos até a administração de conflitos e gestão de partes interessadas.

Em cada um dos temas, um grupo de especialistas coloca sua experiência, casos de sucesso e avaliação estratégica com um simples foco: assegurar que outras áreas da administração pública possam se beneficiar do conhecimento adquirido pela SEDPcD, acelerando a implantação de melhores práticas e a coleta de resultados.

E resultado é o que realmente interessa. Colocar em prática escritórios de projeto com a mera finalidade de controlar gera uma estrutura burocrática, lenta e reativa, que não tem relação alguma com o que chamamos de melhores práticas e principalmente com o que chamamos de resultados.

Finalmente, gostaria de afirmar que, apesar de ser um livro com foco na administração pública, esta é, essencialmente, uma obra de gerenciamento de projetos. Passar suas páginas é entrar no universo dos prazos, dos orçamentos, dos riscos e de muitos outros assuntos que despertam sonhos e pesadelos de muitos

VIII Inovação em Gestão de Projetos na Administração Pública

profissionais. E quem não quer, afinal, conseguir transformar uma estratégia inovadora em um resultado de sucesso, que transforme positivamente a vida das pessoas?

Ricardo Viana Vargas

Especialista em gerenciamento de projetos, portfólio e riscos. Autor de onze livros. Foi *Chairman* do *Project Management Institute* em 2009. Atualmente é diretor do Grupo de Práticas de Projetos do Escritório de Serviços de Projetos das Nações Unidas (UNOPS).

Apresentação

Quando implementamos o PMO na Secretaria de Estado dos Direitos da Pessoa com Deficiência, no segundo semestre de 2009, tínhamos como objetivo centralizar as melhores práticas de Gestão de Projetos e viabilizar um sistema de monitoramento do progresso e de acompanhamento para os coordenadores de área. É neste cenário que se insere este trabalho, que apresenta a implementação de um PMO, descrevendo as etapas desenvolvidas, incluindo o planejamento e as fases de implantação.

Historicamente, os projetos na Secretaria de Estado dos Direitos da Pessoa com Deficiência são estratégicos para o cumprimento da sua missão e visão. Assim, era fundamental o **processo sistematizado** de gestão de projetos, superando as dificuldades e garantindo a viabilização dos programas e das políticas da área. Esta mudança de paradigma teve consequências positivas na estrutura de tomada de decisão.

A partir da necessidade de planejar e controlar os projetos, tornar a comunicação eficiente, as informações centralizadas e consequentemente desenvolver um padrão de prática e cooperação à forma pela qual os projetos são gerenciados, criamos uma metodologia alinhada ao Planejamento Estratégico desta Secretaria, baseada na linha PMI, adaptada para o linguajar e a cultura da administração pública.

Tivemos uma constância de propósito e habilidade de manter a metodologia na Gestão de Projetos, e assim superar a eventual resistência que acompanha qualquer mudança.

Este livro aborda a técnica de gerenciamento de projetos de uma maneira prática e direta, partindo desde os conceitos fundamentais, como planejamento

X Inovação em Gestão de Projetos na Administração Pública

estratégico, comunicação, gestão de *stakeholders*, chegando até estruturas complexas de gestão do conhecimento. O acompanhamento dos projetos por meio de indicadores e a inexistência ou neutralização antecipada de itens de alto risco contribuirão para obtenção de melhores resultados.

Destarte, este livro é uma contribuição à literatura, no que tange ao desenvolvimento e à aplicação de uma metodologia na gestão de projetos no setor público, disponibilizando um guia útil para quem busca eficiência na gestão pública ou na atividade privada.

**Lilian Treff e Linamara Rizzo Battistella
(organizadoras)**

Sobre os Autores

Ana Paula Goes Hees, D.Sc. Doutora em Engenharia de Produção pela COPPE/UFRJ (2008), Mestre em Engenharia de Produção pela COPPE/UFRJ (2000), Bacharel em Ciências Econômicas pelo IE/UFRJ (1995). Suas principais áreas de atuação são Gestão Estratégica da Inovação e do Conhecimento e Gestão Estratégica de Pessoas. Em GESTÃO DA INOVAÇÃO E DO CONHECIMENTO vem atuando como Consultora e Docente desde 2001. Seus trabalhos envolveram abordagens em Programas de Gestão Integrada da Inovação, desenvolvimento de produtos e conteúdos relacionados à Gestão do Conhecimento, Programas de Ideias, desenvolvimento de métricas para avaliação de resultados da inovação, elaboração e aplicação de programas de desenvolvimento de líderes, supervisores e colaboradores em conteúdos técnicos e comportamentais em inovação, além de atuação como facilitadora em sessões criativas.

André Luiz Dametto Sócio-diretor da ALD Consultoria, Mestre em Engenharia de Produção na COPPE-UFRJ, Engenheiro de Produção (UFRJ), é professor de turmas de pós-graduação e MBA *in company*, consultor de gestão empresarial, *coach* executivo certificado pelo *Integrated Coaching Institute* (EUA), palestrante, associado em formação no Corpo Freudiano Escola de Psicanálise e Conselheiro Metafísico Transenergético em formação no Espaço de Espiritualidade Independente. Atua há mais de dez anos como líder e *coach* em projetos de Formulação Estratégica, Gerenciamento Orçamentário, Gerenciamento de Projetos, Mapeamento e Redesenho de Processos e Padronização em organizações dos segmentos: automotivo, telecomunicações, ensino, regulamentação profissional, transportes, óleo e gás, construção civil, administração pública, cultural, mineração, siderurgia, bebidas, turismo, terceiro setor, audiovisual, papel e celulose, mercado financeiro, dentre outros.

XII Inovação em Gestão de Projetos na Administração Pública

Antônio Cesar Migliorati Graduado em Administração de Empresas, com pós-graduação em Gerenciamento de Projetos com base no PMI pelo Centro Universitário Senac. Com experiência em Coordenação e Gerenciamento de projetos desde 2002, trabalhou com projetos na área de TI voltados ao mercado nacional. Como *Project Coordinator*, atuou em empresa multinacional em projeto de *offshore*, coordenando equipes técnicas no Brasil, EUA e Índia. Atualmente faz parte da equipe de gerentes do PMO da Secretaria de Estado dos Direitos da Pessoa com Deficiência.

Carlos Vital Giordano Graduado em Administração, Especialista em Métodos Quantitativos, Pós-Graduado em Estratégia Empresarial, Mestre em Administração e Doutor em Ciências Sociais. Professor universitário (desde 1995) em cursos de graduação (FATEC Zona Sul e UNICID), pós-graduação (FAAP, FMU e UBS) e MBA (Centro Paula Souza e FAAP). Consultor (desde 1994) em Sistemas de Informação, Tecnologia da Informação, Gestão Estratégica, Gestão da Inovação, Estatística Empresarial, Atualização de Processos, Empreendedorismo, Gestão da Mudança, Gestão de Projetos e Gestão por Indicadores Empresariais.

Darlan Oliveira Rocha Bacharel em Direito (UNIFEV), pós-graduado em Gestão Avançada de Recursos Humanos (INPG) e *Lead Aud Stat-A-Matrix Institute* (EUA), foi supervisor da área de recursos humanos e qualidade do Grupo Hoken, eleito três anos consecutivos (2004, 2005 e 2006) como um das "150 Melhores Empresas Para Se Trabalhar". Tem atuado como Técnico de Desenvolvimento Profissional no Universitário Senac – Campus Santo Amaro, à frente da Coordenação das pós-graduações *Lato Sensu*, e como Professor da Universidade Estácio de Sá (UNESA).

Fernando de Almeida Santos Pós-doutorando pela Universidade de São Paulo – Centro de Estudos de Avaliação e Mensuração em Comunicação e Marketing (CEACOM), da Escola de Comunicação e Artes da Universidade de São Paulo (ECA-USP), Doutor em Ciências Sociais pela PUC-SP, Mestre em Administração de Empresas (Universidade Presbiteriana Mackenzie) e Especialista em Avaliação Institucional (UNB). Especialista em Administração Financeira e graduado em Administração de Empresas (UNIFIEO). Graduado em Ciências Contábeis e em Administração Pública (UCDB). Docente das Faculdades Metropolitanas Unidas e das Faculdades Integradas Rio Branco. Professor e vice-coordenador do Curso de Ciências Contábeis da PUC-SP. Editor-chefe da Revista Científica Hermes da FIPEN.

Janaina Ribeiro Bacharel em Direito, inscrita na Ordem dos Advogados do Brasil - OAB/SP; especialista em Gerência de Projetos – Práticas Alinhadas ao PMI

Sobre os Autores   **XIII**

– pelo SENAC-SP. Gerente de Projetos do PMO da Secretaria de Estado dos Direitos da Pessoa com Deficiência.

Lilian Treff (organizadora) Profissional com especialização em Didática do Ensino Superior, pela Universidade Mackenzie; MBA em Gestão Empresarial – Programa de Mestrado Profissionalizante em Administração pela Universidade Cidade de São Paulo – e Graduação em Pedagogia – Licenciatura Plena, com foco em Administração Escolar, pela Universidade São Judas Tadeu. Especialização em cursos de Gerência de Projetos – Práticas Alinhadas ao PMI, SENAC e Gestão em Projetos pela Fundação Vanzolini; Gestão de Portfólio; *Stakeholder Management Meeting* (Práticas em Gerenciamento de *Stakeholders*); Gerência de Projetos – Implantação de Escritório de Projetos (PMO); *Coach* profissional e executivo, certificada pela Sociedade Brasileira de Coach (SBC) e pela Sociedade Latino Americana de *Coach* (SLAC), *Practitioner* em Programação Neurolinguística. Vivência profissional internacional, sólida experiência nas áreas de gestão de projetos e educacional, em gestão e desenvolvimento acadêmico, planejamento estratégico institucional, reestruturação organizacional (mapeamento de processos) e *change management*. Atuação em diversos projetos educacionais premiados, na implementação de políticas de gestão de projetos.

Linamara Rizzo Battistella (organizadora) Professora Associada do Departamento de Medicina Legal, Ética Médica, Medicina Social e do Trabalho da Faculdade de Medicina da Universidade de São Paulo (2005). Possui doutorado em Medicina pela Universidade de São Paulo (1990). É especialista em Medicina Física e Reabilitação, e suas áreas de interesse são Avaliação Funcional e Qualidade de Vida – em especial, Classificação Internacional da Funcionalidade, Incapacidade e Saúde (CIF). Foi Presidente da *International Society of Physical and Rehabilitation Medicine* (ISPRM) (2004-2006), Presidente da Associação Brasileira de Medicina Física e Reabilitação (ABMFR) (2005-2007), Presidente do Conselho Diretor do Instituto de Medicina Física e Reabilitação do HCFMUSP e Instituto de Reabilitação Lucy Montoro e Cocoordenadora do Grupo de desenvolvimento das diretrizes de reabilitação relacionada à saúde da OMS/WHO desde 2012. Coordenadora do Programa de Residência em Medicina Física e Reabilitação da FMUSP.

Luiz Claudio Gonçalves Possui Doutorado em Engenharia de Produção, Mestrado em Engenharia de Produção, Mestrado em Administração de Empresas, Mestrado em Turismo Ambiental, Especialização em Marketing, Especialização em Planejamento Empresarial e graduação em Engenharia Elétrica. É professor e pesquisador em cursos de graduação e pós-graduação

XIV Inovação em Gestão de Projetos na Administração Pública

nas áreas de Administração de Empresas e Engenharia de Produção nos seguintes temas: Gestão da Cadeia de Suprimentos e Logística Integrada, Gestão da Produção e Operações, Gestão de Marketing, Gestão de Sustentabilidade (Energia, Meio Ambiente e Sociedade).

Marcello de Martino Graduado em Estatística (UniCapital), especializado em Marketing (ESPM) e mestre em Administração (Unicid). Atualmente é Professor Titular da UniFMU e Professor A da USCS – São Caetano do Sul. Possui 28 anos de experiência em Gestão Empresarial, Informática, OS&M e Gestão de Processos de Negócios. Consultor em Projetos e *Business Plan* do PRODUZIR – Programa do Ministério da Integração Nacional (2006), Coordenador Técnico Geral do PROGER-PMSP em 95/96 – Programa de Geração de Emprego e Renda do Município de São Paulo. Habilitado como Consultor pela ONU (Organização da Nações Unidas), com trabalhos desenvolvidos para a FAO (Agência de Alimentação e Agricultura) na área de Capacitação Massiva e Avaliação Econômica e Financeira de Projetos.

Rose Longo PhD em Transferência de Tecnologia pela *University of Sheffield* (Inglaterra); Mestre em *Library Services* pela *Dalhousie University Halifax* (Canadá) e Bibliotecária pela Universidade Federal Fluminense. Credenciada pela *BrainTechnologies Corporation* (Denver, Colorado) para aplicação e análise de diagnósticos de posturas comportamentais. Facilitadora da metodologia de Resolução Criativa de Desafios do Instituto Latino-Americano de Criatividade e Estratégia (ILACE). Há trinta anos atua como consultora organizacional e professora em cursos de graduação e pós-graduação sempre com foco em planejamento e gestão estratégica, qualidade, gestão de transformações organizacionais e gestão do conhecimento. Autora do curso de Gestão do Conhecimento veiculado pela FGV Online. Durante dez anos foi coordenadora do curso de Pós-graduação em Gestão Estratégica do Conhecimento e da Inovação do Senac São Paulo; Professora dos Programas de MBA Executivo em Inglês e Português da *Business School* de São Paulo (BSP) e diretora-presidente da Transk.

Simone Assis Mendonça Pós-Graduada em Gerenciamento de Projetos Alinhado às Práticas PMI. Atualmente é Gerente de Projetos do Escritório de Gerenciamento de Projetos da Secretaria de Estado dos Direitos da Pessoa com Deficiência. Também atuou em Gerenciamento de Projetos na área de *Facilites*.

Sumário

Capítulo 1. Implementação de um PMO na Administração Pública e
Melhores Práticas — **1**
Resumo da iniciativa — 1
Introdução — 1
    Proposta de gestão dos projetos da Secretaria de Estado
    dos Direitos da Pessoa com Deficiência — 1
Oportunidade percebida (justificativa) — 2
Solução adotada (objetivos) — 3
Características da iniciativa — 7
    Inovação — 7
    Replicabilidade (possibilidade de multiplicação) — 16
    Relevância do trabalho — 16
    Eficiência e eficácia no uso de recursos públicos — 17
    Efetividade dos resultados — 17
    Desenvolvimento de parcerias — 17
Considerações gerais — 18
Referências bibliográficas — 21
Anexo — 23
    1. Proposta do projeto — 23

Capítulo 2. O Impacto do Escritório de Projetos no Planejamento das
Organizações Públicas — **27**
Introdução — 28
Desenvolvimento — 28
    Planejamento público — 28
    A importância da gestão de projetos alinhada ao planejamento
    público — 29

XVI   Inovação em Gestão de Projetos na Administração Pública

A implantação do escritório de gestão de projetos	30
Alinhamento do EGP com a estratégia organizacional	33
Considerações finais	33
Referências bibliográficas	34

Capítulo 3. Viabilidade Econômico-Financeira de Projetos   37

Introdução	37
Revisão bibliográfica	37
A necessidade de captar recursos e fazer a gestão do patrimônio	37
Projetos de viabilidade econômico-financeira	38
Premissas para elaboração do fluxo de caixa orçamentário	39
Processo de elaboração orçamentária	39
Componentes do fluxo de caixa	40
Componentes do projeto	40
Caso prático	44
Considerações finais	46
Referências bibliográficas	46

Capítulo 4. Recrutamento, Seleção e Treinamento de Pessoas Qualificadas   47

Resumo	47
Traçando um referencial	47
Aspectos conceituais relevantes	48
Proposta de definição de perfil para gerente de projetos	49
Falando em equipe!	51
Conclusão: será que é possível?	52
Referências bibliográficas	52

Capítulo 5. Comunicação do Escritório de Gerenciamento de Projetos   53

Introdução	53
Revisão bibliográfica	55
Caso prático	58
Referências bibliográficas	60

Capítulo 6. O Desempenho dos Projetos por Meio de Indicadores   61

Introdução	61
Revisão bibliográfica	61
Caso prático	64

Referências bibliográficas	67

Capítulo 7. Administração de Conflitos na Gestão de *Stakeholders*   **69**
Introdução   69
Administração de conflitos na gestão de *stakeholders*   70
Níveis de gravidade do conflito   75
Considerações finais   76
Referências bibliográficas   78

Capítulo 8. A Aplicação do Ciclo de Conversão do Conhecimento na Gestão de Projetos   **79**
Gestão do conhecimento e da complexidade   79
O ciclo de conversão do conhecimento   82
Ferramentas de gestão do conhecimento e suas aplicações em gestão de projetos   86
Glossário de ferramentas de gestão do conhecimento propostas neste capítulo   94
Referências bibliográficas   96

Capítulo 1. Implementação de um PMO na Administração Pública e Melhores Práticas

Lilian Treff
Linamara Rizzo Battistella

Resumo da iniciativa

Este artigo apresenta a implementação, na SEDPcD, de um PMO (*Project Management Office*) baseado na linha PMI (*Project Management Institute*), descrevendo o processo de implementação, as soluções adotadas, atribuições e/ou atividades desenvolvidas, dificuldades enfrentadas, lições aprendidas, resultados e benefícios, além de demonstrar a funcionalidade da metodologia estruturada no gerenciamento de projetos. Sugere-se ainda, que as organizações públicas e privadas possam conhecer e comparar os resultados obtidos com as recomendações propostas, para que planejem de forma efetiva suas próprias implantações.

Introdução

Proposta de gestão dos projetos da Secretaria de Estado dos Direitos da Pessoa com Deficiência

Atualmente nas empresas é muito comum a aplicação e o desenvolvimento de projetos nos mais diversos ramos de atividades. Isso fez com que a metodologia de gestão de projetos cada vez mais ganhasse espaço no ambiente corporativo. Uma prática que vem sendo adotada nos dias de hoje é a implantação de Escritórios de Gerenciamento de Projetos (*Project Management Office* – PMO), que têm a função de centralizar as melhores práticas de gestão de projetos nas empresas em que são implantados, tendo como funcionalidade ser um prestador de serviços e fonte de consulta e esclarecimento de dúvidas e problemas para os gerentes de projetos. É neste cenário que este trabalho se insere: será apresentada a implementação de um PMO, descrevendo as etapas desenvolvidas, incluindo o planejamento e as fases de implantação.

2 Inovação em Gestão de Projetos na Administração Pública

Os projetos não eram vistos na Secretaria dos Direitos da Pessoa com Deficiência pelas lideranças como estratégicos ao cumprimento da sua missão e visão. Assim, além de não existir um **processo sistematizado** na gestão de projetos, apresentava dificuldades no processo de viabilização, frente às atividades decorrentes da sua missão. A nossa proposta foi uma mudança desse paradigma com consequentes modificações na estrutura de tomada de decisão alinhada ao planejamento estratégico da SEDPcD. Dessa forma, com o objetivo de garantir o sucesso no processo de gestão de projetos, foi criado o Escritório de Gerenciamento de Projetos – PMO.

Oportunidade percebida (justificativa)

Muitas organizações estão adotando processos formais de gestão de projetos que lhes assegurem a conclusão dos projetos no prazo definido, dentro do orçamento e com o nível de qualidade adequado. Parte da competência na gestão de projetos advém da proposta de implementar processos e práticas inovadoras em todas as organizações públicas e privadas.

Com o crescente e progressivo benefício da gestão de projetos, destaca-se a implementação de um *Project Management Office* (PMO), baseado na linha *Project Management Institute* (PMI) em organizações públicas com o intuito de solucionar vários problemas de caráter operacional, além de garantir a qualidade total na entrega dos produtos tangíveis-intangíveis e alcançar resultados com excelência. A administração pública precisa criar estruturas para apropriar-se dos conhecimentos tácitos de seus funcionários e transformá-los em inovações, refletindo diretamente em benefícios à sociedade e evitando desperdício ou má distribuição dos seus recursos financeiros.

De acordo com Verzuh[1] (1999), quando uma organização apresenta grande demanda de projetos e as abordagens são desestruturadas e indisciplinadas, há ineficiências e prejuízos significativos nos resultados. Portanto, a metodologia de gestão de projetos pode ser considerada um processo complexo que implica em mudanças significativas da cultura de uma organização para uma nova forma de realizar negócios (CRAWFORD, 2002).

Estima-se que há mais de cinquenta mil PMOs de algum tipo nos Estados Unidos (ROLLINS, 2003, *apud* PATAH[2], 2004). No Brasil o gerenciamento de projetos

---

[1] VERZUH, E. **The fast forward MBA in Project Management.** New York: John Wiley & Sons, 1999.

[2] PATAH, L. A. **Alinhamento estratégico de estrutura organizacional de projetos:** uma análise de múltiplos casos. Dissertação apresentada à Escola Politécnica da Universidade de São Paulo – São Paulo, 2004.

Implementação de um PMO na Administração Pública... 3

vem crescendo de forma considerável nos últimos anos, reforçando a relevância de sua implementação, principalmente em organizações públicas, com o intuito de garantir as melhores práticas no gerenciamento de projetos e também a transparência e lisura de suas ações.

Considerando a grande demanda e complexidade dos tipos de projetos na SEDPcD, identificou-se pouca visibilidade do desempenho real dos projetos pela alta administração e várias ocorrências de retrabalho durante a aplicabilidade do processo de viabilização. Em adição, havia baixa qualidade das informações sobre o status dos projetos para a tomada de decisões estratégicas. Diante disso, optou-se pela implementação de um PMO no referido órgão público, criando um ambiente de assessoria à mudança e apresentando resultados. Essa estratégia define e aplica os processos de gerenciamento de projetos (iniciação, planejamento, viabilização, execução, monitoramento e controle e encerramento), proporcionando melhor desempenho dos projetos gerenciados pela SEDPcD, por meio de uma metodologia funcional e consolidada.

Solução adotada (objetivos)

As **soluções adotadas** para a obtenção de resultados com excelência no gerenciamento de projetos na administração pública foram a definição de recursos humanos para gerenciar, planejar e monitorar todos os projetos da SEDPcD, infraestrutura e de comunicações, alocação de recursos financeiros, monitoramento e controle, registro de lições aprendidas e gestão do conhecimento.

A metodologia em gestão de projetos criada e adotada é baseada na linha PMI e apresentada como ferramenta pelo PMO da Secretaria de Estado dos Diretos da Pessoa com Deficiência – SDPcD. Esta metodologia objetiva a identificação adequada do escopo do projeto, cumprindo com os requisitos que devem balancear restrições de atendimento do escopo, prazo, custo, qualidade, recursos e risco que compõem o gerenciamento de projetos. Em adição, permite uma equivalência entre os modelos do Guia PMBOK® (*Project Management Body of Knowledge*) e o ciclo PDCA (*Plan-Do-Check-Act*). A aplicação de uma metodologia na gestão de projetos estabelece acompanhamento contínuo dos projetos e também possibilita a rápida identificação e correção de desvios, assim como a transformação das ações bem-sucedidas em procedimentos padrão. Com os resultados obtidos neste estudo, constatou-se que, aplicando a metodologia de GP e enfocando os principais processos envolvidos no gerenciamento de projetos (iniciação, planejamento, execução, monitoramento e controle e encerramento), a conclusão dos projetos no prazo definido, dentro do orçamento e com o nível de qualidade

4 Inovação em Gestão de Projetos na Administração Pública

adequado foi assegurada. Ademais, atingidos os objetivos iniciais e a eficácia da metodologia de GP, os esforços foram voltados para desenvolver e melhorar os processos, otimizar os meios de comunicação, reciclar a equipe e obter os melhores resultados das lições aprendidas. Pretendemos demonstrar que trabalhar segundo uma metodologia de GP é essencial para obter sucesso e gerar resultados sustentáveis em uma organização. A gestão de projetos exerce um papel estratégico na conciliação de interesses, tornando-se um fator crítico de sucesso na condução eficiente e eficaz de projetos.

A duração do **projeto de implementação do PMO** na SEDPcD foi de seis meses, sendo dividido em cinco fases:

Tabela 1.1. Fases de implementação do PMO na SEDPcD (Fonte: as autoras).

Exemplo de Metodologia de Implementação – Resumo				
Levantamento de informações e necessidades	Definição do modelo de PMO	Definição de processos, funções e responsabilidades	Treinamento dos envolvidos	Implementação, revisão e melhoria contínua

Essas fases foram previamente definidas com base na maturidade da gestão de projetos, suas práticas, processos operacionais, diretrizes do planejamento estratégico, recursos físicos e humanos disponíveis.

As **atribuições e/ou atividades desenvolvidas do PMO** são: garantir a aplicação da metodologia de gerenciamento de projetos e a qualidade do projeto (*quality assurance*); padronizar informações, cronogramas, estimativas, relatórios, planos; ser elemento central de informações em gestão de projetos e de apoio aos times de projetos; atuar na resolução de conflitos nos projetos; prover treinamentos e ferramentas adequadas para execução das melhores práticas de gerenciamento de projetos; identificar os riscos de cada projeto com o intuito de definir e aplicar ações preventivas e/ou corretivas para preservação do plano de gerenciamento de projetos; permitir a aplicação do ciclo PDCA (*plan* = planejar, *do* = executar, *check* = checar e *act* = agir) para obter o aperfeiçoamento da metodologia proposta dos projetos; monitorar prazos, custo e desempenho no cumprimento dos requisitos contratuais; controlar o histórico dos projetos da organização para utilização futura de novos projetos na forma de lições aprendidas; e gerenciar o Portfólio de Programas e Projetos da SEDPcD.

Dentre as **dificuldades enfrentadas**, destacam-se: aceitação da metodologia de gerenciamento dos projetos pelos *stakeholders*; alinhamento do PMO com o planejamento estratégico da instituição; disponibilização dos recursos técnicos (hardware e software) atualizados, para aplicar os processos de gerenciamento dos projetos; recrutamento, seleção e treinamento do pessoal necessário para compor a equipe (pessoas qualificadas para gerenciar e prestar suporte técnico aos projetos – matriz de capacitação, combinando função, colaborador e competências a serem adquiridas); e definição do escopo de atuação do PMO, uma vez que a resistência apresenta diferentes níveis conforme novas responsabilidades são incorporadas na compreensão do papel e da atribuição do PMO pelas partes interessadas como meio de geração de resultados e prestador de serviços.

Os **resultados e benefícios** desta metodologia foram: total visibilidade dos processos de gerenciamento de projetos pela alta administração; garantia da gestão padronizada de projetos; acompanhamento detalhado de cada projeto; monitoramento de indicadores de desempenho, qualidade e entrega; análise e acompanhamento de riscos; apoio às equipes de desenvolvimento quanto ao gerenciamento e controle dos projetos; *status report* mensal de todos os projetos para a Secretária da pasta; disponibilização das informações dos projetos de forma rápida, atualizada e confiável; e registro e documentação dos projetos executados de forma a manter uma base de dados histórica como referência a "lições aprendidas" para futuros projetos, baseadas nos conceitos da gestão do conhecimento.

É importante salientar que algumas **vantagens relevantes** da aplicabilidade desta metodologia foram decorrentes de: envolvimento da alta administração; definição das funções de todos os envolvidos no processo de implementação; melhoria na comunicação entre os departamentos; medição e monitoramento das atividades do escopo do projeto na forma de *scorecards*; suporte, apoio e identificação do perfil psicológico dos *stakeholders*; e otimização do processo de execução dos projetos, com o auxílio de especialistas técnicos, fomentando ações de política pública e distribuição efetiva de seus recursos financeiros.

O **posicionamento do PMO na estrutura organizacional** da Secretaria de Estado dos Direitos da Pessoa com Deficiência foi definido de modo a causar o menor impacto possível e a contribuir da melhor maneira para atingir os seus objetivos estratégicos. Foi elaborada uma **Planilha de Descrição de Cargo (Figura 1.1)** para cada função definida no organograma. O conteúdo desta planilha integra negócio com o resultado (pessoas – organização – comportamento), portanto faz referência às competências técnicas (relacionadas aos processos de GP),

6 Inovação em Gestão de Projetos na Administração Pública

comportamentais (relacionadas aos relacionamentos pessoais) e contextuais (relacionadas aos aspectos organizacionais do projeto) que o *International Project Management Association – IPMA (Competence Baseline* ICB) adota como "elementos de competências".

DESCRIÇÃO DE CARGO/PERFIL

OCUPANTE:					
TÍTULO DO CARGO:		CÓDIGO CARGO:	GRAU:	REPORTE:	DATA AVALIAÇÃO:
COORDENADORIA:		ÁREA:		LOCALIDADE:	

JUSTIFICATIVA PARA CRIAÇÃO/RECLASSIFICAÇÃO DO CARGO:

PRINCIPAIS RESPONSABILIDADES: (COMPETÊNCIA TÉCNICA)	ORGANOGRAMA:
GESTÃO DAS FINANÇAS	

PRINCIPAIS DESAFIOS DO CARGO/COMPLEXIDADES: (COMPETENCIA CONTEXTUAL)

RESULTADOS ESPERADOS DO CARGO:

CARACTERÍSTICAS PESSOAIS: (COMPETENCIA COMPORTAMENTAL)

ESCOLARIDADE:	PERÍODO DE EXPERIÊNCIA: Tempo mínimo necessário para desempenhar as tarefas do cargo
( ) Superior Completo ( ) Pós Graduação ( ) Cursos Especiais, cite:	( ) Até 3 meses ( ) De 3 meses a 1 ano ( ) De 1 a 2 anos ( ) De 2 a 3 anos ( ) De 3 a 4 anos ( ) De 4 a 5 anos ( ) Acima 05 anos
CONHECIMENTOS IMPRESCINDÍVEIS:	CONHECIMENTOS DESEJÁVEIS:

APROVAÇÕES			
ELABORADO POR: Nome: Assinatura: Data:	SUPERIOR IMEDIATO Nome: Assinatura: Data:	SUPERIOR MEDIATO Nome: Assinatura: Data:	RH/REMUNERAÇÃO Nome: Assinatura: Data:

Figura 1.1. Descrição de cargo (Fonte: as autoras).

É importante ratificar que a existência do PMO está a serviço de toda a organização, pois está conectado com as áreas de negócios e compartilha informações. Partimos do princípio de que os gerentes de projetos precisam criar valor por meio da gestão dos seus projetos, programas e portfólios, o que nos fez reconsiderar o processo de recrutamento e seleção, passando a ter foco no modelo de gestão por competências. Segundo o IPMA, que é o referencial de competências em gestão de projetos, o olho de competências, conforme Figura 1.2, representa visão e clareza nos três domínios de competência, visto pelos olhos dos gerentes de projetos.

No caso da SEDPcD, o PMO foi criado para apoiar de forma significativa e contundente a transformação das estratégias da organização em projetos e planos de ação por meio de um adequado e eficiente gerenciamento de projetos, utilizando uma Estrutura Organizacional Matricial Forte por possuir uma visão sistêmica da organização, responsabilidade integral no desenvolvimento dos projetos e um alto valor de autonomia na gestão de projetos.

Figura 1.2. "Olho da competência" (Fonte: Símbolo próprio da IPMA).

Características da iniciativa

Este trabalho apresenta caráter **inovador**, uma vez que foram identificadas as seguintes características:

Inovação

► Aplicação do ciclo PDCA no processo de monitoramento e controle dos projetos, até o seu encerramento. Ratifica-se que este ciclo é uma ferramenta que promove melhorias contínuas na execução dos "processos" de gestão.

► Criação do Painel de Controle (Figura 1.3) contendo os critérios de avaliação e subcritérios para monitoramento do desempenho dos projetos e visualização estratégica do status dos projetos por parte da alta administração, mediante apresentação de indicadores de desempenho.

► Incorporação de novos elementos para a metodologia empregada: a.1) criação de processos para seleção e gestão de projetos; a.2) informativo de gestão de projetos; a.3) inserção de "linhas de trabalho" no Portfólio de Programas e Projetos; e a.4) criação de um Sistema de Agenda de Projetos – SAPs.

O **Processo de Seleção** objetiva estabelecer sequência lógica das atividades e tarefas necessárias para a seleção dos projetos. Foi criado um formulário de **Proposta de Projeto** acessível, disponibilizado no site da SEDPcD (ver anexo deste artigo) para preenchimento dos interessados, que *a posteriori* é analisada quanto ao seu alinhamento com o planejamento estratégico da organização, o valor agregado do produto e a relevância técnica – além disso, devem ser priorizadas,

8 Inovação em Gestão de Projetos na Administração Pública

PAINEL DE CONTROLE DE PROJETOS MENSAL – EGP - ABRIL 2013

Critérios de Avaliação	Projeto A	Projeto B	Projeto C	Projeto D	Projeto E	PORTFÓLIO
1 VISÃO GERAL (35%)	83,3%	100,0%	83,3%	100,0%	100,0%	93,3%
1.1 Grau de envolvimento da instituição parceira	2	2	1	2	2	90,0%
1.2 Inclusões e/ou exclusões no escopo do projeto	1	2	2	2	2	90,0%
1.3 Execução de resoluções	2	2	2	2	2	100,0%
2 INDICADORES (25%)	100,0%	100,0%	100,0%	100,0%	100,0%	100,0%
2.1 Atividades realizadas	2	2	2	2	2	100,0%
2.2 Orçamento realizado	2	2	2	2	2	100,0%
3 DOCUMENTOS (15%)	50,0%	100,0%	100,0%	100,0%	100,0%	90,0%
3.1 Gestão de riscos	0	2	2	2	2	80,0%
3.2 Relatório de progresso	2	2	2	2	2	100,0%
4 STAKEHOLDERS (25%)	83,3%	100,0%	83,3%	100,0%	100,0%	93,3%
4.1 Participação do Gestor do Contrato	1	2	2	2	2	90,0%
4.2 Participação do Especialista Técnico	2	2	2	NA	NA	100,0%
4.3 Avaliação da Instituição Parceira	2	2	1	2	2	90,0%
TOTAL POR PROJETO	82,5%	100,0%	90,0%	100,0%	100,0%	**94,5%**

LEGENDAS

NA – Não Avaliado

Nota 2	Nota 1	Nota 0
1 VISÃO GERAL (35%)		
1.1 Participar sem requerer solicitações EGP (Escritório de Gestão de Projetos).	Participa quando solicitado pelo EGP.	Não participa, mesmo que solicitado pelo EGP.
1.2 Apresenta inclusões e/ou exclusões – até 3 (três).	Apresenta inclusões e/ou exclusões, mantendo-se em padrão tolerado – 4 (quatro) a 5 (cinco).	Apresenta inclusões e/ou exclusões, acima do tolerado – 6 (seis).
1.3 Cumprimento integral das resoluções.	Cumprimento parcial das resoluções.	Descumprimento das resoluções.
2 INDICADORES (25%)		
2.1 Atividades realizadas.	Atividades realizadas parcialmente.	Atividades não realizadas.
2.2 Entre 95% e 100%.	Desvio de 94% a 70%.	Desvio abaixo de 69%.
3 DOCUMENTOS (15%)		
3.1 Não apresenta riscos.	Apresenta riscos gerenciáveis.	Apresenta riscos não gerenciáveis.
3.2 Resultados atingidos.	Resultados atingidos parcialmente.	Resultados não atingidos.
4 STAKEHOLDERS (25%)		
4.1 A emissão de pareceres ocorre conforme períodos planejados.	A emissão de pareceres ocorre com atraso aos períodos planejados.	A emissão de pareceres não ocorre.
4.2 Tem acompanhado frequentemente a execução das atividades, intervindo quando necessário.	Tem acompanhado a execução das atividades, mas, só intervém se solicitado.	Não acompanha a execução das atividades.
4.3 Implementa o projeto de forma autônoma não requerendo monitoramento ostensivo.	Implementa o projeto de forma autônoma, mas, requer monitoramento ostensivo.	Não implementa o projeto de forma autônoma e requer monitoramento ostensivo.

Figura 1.3. Exemplo de Painel de Controle de projetos (Fonte: autoras).

validadas e autorizadas pelo Secretário de Estado. Todavia, o **Processo de Gestão** caracteriza-se pelas referências contidas no Plano de Gestão do Projeto (estratégias para implementação do projeto), tais como: Constituição Federal (Lei 8.666), ciclo PDCA, guia PMBOK® (*Project Management Body of Knowledge*). Para otimização do referido processo neste trabalho, elaboraram-se **mapa de indicadores de performance do processo de gestão de projeto, diagrama de escopo e**

interfaces – DEP (Figura 1.4) para identificação das entradas, saídas, suporte e regulações dos processo de gestão e um fluxograma para visualização dos agentes envolvidos em cada etapa do fluxo. É importante informar que a **metodologia para gerenciamento de projetos** está demonstrada na Tabela 1.2. Ressalva-se o formulário **Plano de Trabalho** (Figura 1.5) contendo todas as atividades e subatividades mensais do projeto, com seus respectivos custos e definição dos recursos utilizados (material, equipamento e humano). Este Plano de Trabalho ainda contempla a garantia da validação do projeto durante o processo de viabilização pela Consultoria Jurídica (CJ), devido à excelente organização das ideias e à apresentação clara, transparente e estratégica, com critérios bem delineados e definidos do escopo do projeto. Destarte este fato, também tem facilitado o trabalho de auditoria realizado pelo Tribunal de Contas do Estado (TCE). Cabe ressaltar que, para apresentação dos resultados como parte do processo de encerramento do projeto, e como ferramenta estratégica, a proponente utiliza como parte da metodologia de GP a matriz SWOT – *Strengths* (Forças), *Weaknesses* (Fraquezas), *Opportunities* (Oportunidades) e *Threats* (Ameaças) (Figura 1.6), objetivando recolher dados importantes que caracterizam o ambiente interno (forças e fraquezas) e externo (oportunidades e ameaças) durante o processo de execução do projeto. As informações sobre o desenvolvimento do produto inseridas nos quatro quadrantes permite delinear estratégias importantes, criando um banco de gestão do conhecimento para direcionar e orientar projetos com características similares, além de prover soluções para evitar ameaças com o lançamento do produto e garantir oportunidades de aderência pelo mercado.

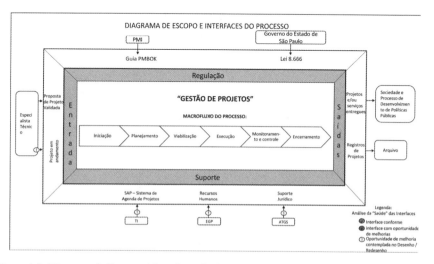

Figura 1.4. Diagrama de Escopo e Interfaces do Processo de Gestão de Projetos (Fonte autoras).

Tabela 1.2. Metodologia para Gerenciamento de Projetos – Resumo das Interfaces do Processo de Gestão de Projeto (Fonte: Guia PMBOK® – Grupos de Processos – Adaptado pelas autoras)

INTERFACE DE GESTÃO – RESUMO					
Iniciação	Planejamento	Viabilização	Execução	Monitoramento e controle	Encerramento
- Reunião de kick-off - Apresentar plano de trabalho pela proponente	- Apresentar o Plano de Gerenciamento de Projetos - Se necessário solicitar correção da documentação **DOCUMENTAÇÃO** - WBS (EAP – Estrutura Analítica de Projetos) - Matriz de atribuições e responsabilidade - Cronograma do projeto - Plano de comunicação - Plano de gerenciamento de riscos	- Definir o tipo de contratação - Formalizar contratação - Publicar formalização no Diário Oficial - Encaminhar cópia da formalização para TCE, AL e EGP - Comunicar viabilização do projeto às partes interessadas **DOCUMENTAÇÃO** - Termo de Referência - Justificativa do projeto - Minuta de contrato/convênio	- Definir equipe, recursos técnicos, equipamentos e materiais - Treinar equipe - Divulgar informações de execução às partes interessadas - Acompanhar o Plano de Gerenciamento de Risco - Executar escopo e cronograma do projeto	- Monitorar periodicamente o planejado x realizado - Emitir relatório de progresso - Verificar necessidades de solicitação de mudança e sugerir ações corretivas e preventivas **DOCUMENTAÇÃO** - Relatório de atividades (proponente) - Relatório de progresso - Painel de controle de projetos	- Entregar projeto - Reunião de encerramento - Documentar as lições aprendidas do projeto e a declaração de encerramento - Consolidar prestação de contas final - Arquivar registro do projeto **DOCUMENTAÇÃO** - Declaração de encerramento - Lições aprendidas - Matriz SWOT (apresentação dos resultados do projeto)

Implementação de um PMO na Administração Pública... 11

PLANO DE TRABALHO

Nome do Projeto: Gerente do Projeto:

Código do Projeto: Versão:

Plano de Trabalho entre (...) e a Secretaria de Estados dos Direitos da Pessoa com Deficiência.

1. Introdução
Apresentação geral do projeto de forma objetiva, clara e sucinta.

2.Justificativa
Descreva porque o projeto precisa ser executado. Qual é o problema que deverá ser solucionado ou a necessidade que deverá ser satisfeita quando os produtos gerados pelo projeto forem entregues.

3. Identificação do objeto a ser executado
Descreva os objetivos do projeto.

4. Metas a serem atingidas
Informe o objetivo gerencial – o quê; a quantidade – quanto; e o prazo – em quanto tempo.

5. Etapas ou fases de execução
Descreva as fases e respectivos produtos, atividades e tarefas que serão geradas em determinado tempo durante a execução do projeto, especificando também o investimento em recursos que será feito mês a mês.

5.1 Cronograma de atividades e sub atividades

Atividade (s):
1. Descreva de forma geral "o que" será feito.

	MESES											
	1°	2°	3°	4°	5°	6°	7°	8°	9°	10°	11°	12°
1.1 Descreva de forma especifica "o que" será feito. Indique o período que a sub atividades será executada. Informe o gasto da sub atividade / período por Recursos (Equipamentos, Materiais e Humanos)												
RECURSOS (Equipamentos, Materiais e Humanos)												
EQUIPAMENTOS												
MATERIAIS												
HUMANOS												
TOTAL	R$ -	R$ -	R$ -	R$ -	R$ -	R$ -	R$ -	R$ -	R$ -	R$ -	R$ -	R$ -
1.2 Descreva de forma especifica "o que" será feito. Indique o período que a sub atividades será executada. Informe o gasto da sub atividade / período por Recursos (Equipamentos, Materiais e Humanos)												
RECURSOS (Equipamentos, Materiais e Humanos)												
EQUIPAMENTOS												
MATERIAIS												
HUMANOS												
TOTAL	R$ -	R$ -	R$ -	R$ -	R$ -	R$ -	R$ -	R$ -	R$ -	R$ -	R$ -	R$ -

---

Cronograma de Desembolso Total

Nome do Projeto:

MESES	TOTAL	1a parcela	2a parcela	3a parcela	4a parcela	5a parcela	6a parcela	7a parcela	8a parcela	9a parcela	10a parcela	11a parcela	12a parcela
EQUIPAMENTOS	R$ -												
MATERIAIS	R$ -												
HUMANOS	R$ -												
SUB-TOTAL	0,00	0,00	0,00	0,00	0,00	0,00	0,00	0,00	0,00	0,00	0,00	0,00	0,00
TOTAL	R$ 0,00												

12 Inovação em Gestão de Projetos na Administração Pública

EQUIPAMENTOS				
DESCRIÇÃO	QUANTIDADE	MEDIDAS	VALOR UNITARIO	VALOR TOTAL
	TOTAL		R$ 0,00	R$ 0,00

MATERIAIS				
DESCRIÇÃO	QUANTIDADE	MEDIDAS	VALOR UNITARIO	VALOR TOTAL
	TOTAL		R$ 0,00	R$ 0,00

RECURSOS HUMANOS				
DESCRIÇÃO	QUANTIDADE	MEDIDAS	VALOR UNITARIO	VALOR TOTAL
	TOTAL		R$ 0,00	R$ 0,00

Figura 1.5. Plano de Trabalho

Implementação de um PMO na Administração Pública... 13

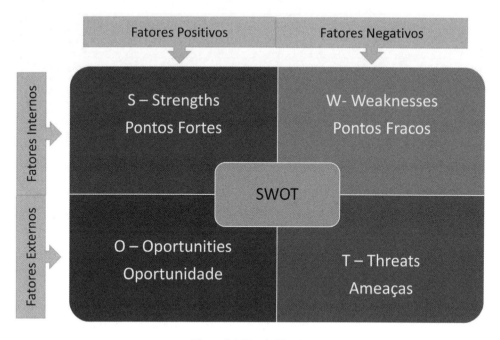

Figura 1.6. Matriz SWOT

O **Informativo Gestão de Projetos** tem como objetivo disseminar informações referentes aos projetos executados, permitindo a divulgação sistêmica do Portfólio de Programas e Projetos e sua contribuição no âmbito de ações de política pública, ratificando uma gestão por transparência e resultados, além de proporcionar uma nova filosofia de trabalho na gestão pública.

A **inserção de "Linhas de Trabalho" no Portfólio de Programas e Projetos** permite nortear as ações da SEDPcD, priorizando temas e áreas de atuação dos projetos (Figura 1.7).

14 Inovação em Gestão de Projetos na Administração Pública

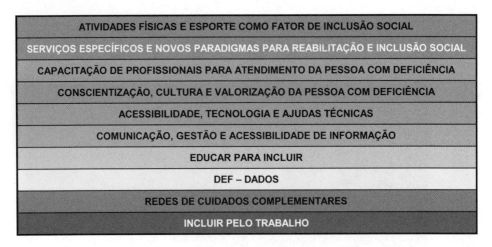

Figura 1.7. Linhas de Trabalho da SEDPcD (Fonte: as autoras).

Diante do exposto, demonstramos que a construção de uma nova administração pública por meio da implementação do PMO na SEDPcD tem beneficiado exponencialmente a pessoa com deficiência (PcD), uma vez que a premissa na obtenção de **resultados com excelência** tem refletido na melhoria da qualidade de vida desses indivíduos, garantindo todos os seus direitos no exercício da cidadania plena.

O desenvolvimento de um Sistema de Agenda de Projetos (SAPs) surgiu da necessidade de centralizar todas as informações sobre ações, projetos e eventos realizados pela Secretaria, gerando um relatório que é enviado ao Palácio do Governo, onde as informações são selecionadas por grau de importância, confirmando a participação do Governador. A segurança do sistema está baseada em autenticações, e seus acessos são permitidos por meio do cadastro dos usuários no SAP. Ademais, os usuários possuem categorias de acesso, de acordo com a sua função na Secretaria.

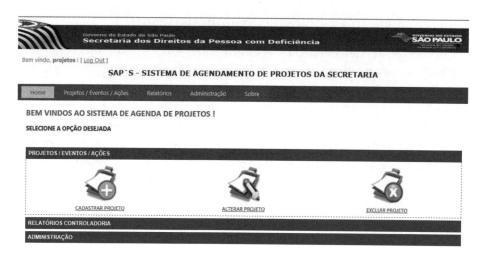

Figura 1.8. Estrutura do Sistema

16 Inovação em Gestão de Projetos na Administração Pública

Replicabilidade (possibilidade de multiplicação)

O potencial de transferência do empreendimento é fator fundamental na questão da sustentabilidade buscada. Ao compartilhar este *know-how*, a SEDPcD tem contribuído para transferir o conceito na gestão de projetos com destaque para a criação e aplicabilidade de uma metodologia específica, capacitando gestores para as oportunidades e os desafios que a prática no gerenciamento de projetos exige, além de favorecer os representantes e parceiros de empresas privadas e públicas, interessados na melhoria de sua arquitetura organizacional, a ampliar sua visão estratégica em prol de benefícios à pessoa com deficiência. Os modelos gerenciais são apresentados de forma assertiva, com foco nos resultados e nas recomendações para sua fácil replicabilidade, pontos indispensáveis para o uso do *benchmarking*.

Destarte, as estratégias bem-sucedidas na implementação do PMO podem obter os seguintes benefícios: padronização de processos; melhor planejamento dos recursos disponíveis; acesso mais rápido e de maior qualidade à informação (incluindo as lições aprendidas); e otimização dos custos. Constatou-se que a sociedade tem sido continuamente beneficiada, uma vez que usufrui diretamente de todas as vantagens procedentes dos resultados dos projetos a partir da atuação do PMO na SEDPcD. Isso tem provocado mudanças e tendências em processos sociais, quebra de paradigmas e de modelos mentais arraigados, além de contribuir para uma nova filosofia sociocultural, com disseminação do conceito de humanização e melhorias nas práticas de inclusão.

Relevância do trabalho

Como elementos essenciais e insumos foram considerados: o momento atual da SEDPcD; os processos; e a observação de como são realizadas as práticas de gestão de projetos (maturidade), como se baseia a estrutura organizacional, a existência de processos específicos de gestão da qualidade, dentre outros. Esses são os fatores de estudo decisivos na escolha e no desenho do tipo (características e arquitetura) do PMO a ser implantado. Portanto, acreditamos que a implementação de um PMO na SEDPcD tem garantido a perenidade e sustentabilidade da autonomia e dos vastos direitos sociopolíticos da pessoa com deficiência, garantindo a taxa de sucesso dos projetos que resultem em ações de política pública.

Eficiência e eficácia no uso de recursos públicos

Durante a fase de implementação do PMO e aplicabilidade da metodologia de gestão de projetos poucos recursos financeiros foram empregados, uma vez que não houve gastos com recursos tecnológicos e treinamento dos envolvidos. Todavia, os recursos financeiros utilizados foram na contratação de serviços de consultoria, que colaborou na definição e elaboração dos processos de seleção e gestão de projetos. Ressalva-se ainda que o planejamento e o monitoramento efetivos durante o processo de gerenciamento dos projetos permitiram uma economia significativa da planilha orçamentária da SEDPcD, propiciando uma melhor utilização dos recursos financeiros.

Efetividade dos resultados

O **Portfólio de Programas e Projetos** da SEDPcD é demonstrado por status – Planejamento; Viabilização; Execução e Encerramento – e por Segmento – Acesso; Cultura; Educação; Esporte; Estratégico; Habitação; Tecnologia e Trabalho. Após implementação do PMO, constatamos uma mudança de cultura com a aplicabilidade da metodologia e melhores práticas no gerenciamento de projetos, maximizando cada centavo investido e proporcionando uma base sólida de conhecimento. Este número representa um resultado significativo nas ações implementadas em torno das prioridades da SEDPcD e em resposta ao conjunto de desafios identificados no âmbito da estratégia de inclusão, organizando medidas de política mais relevantes tendo em atenção questões relativas à igualdade de oportunidades, autonomia, garantia dos direitos, do bem-estar e qualidade de vida da pessoa com deficiência. Destarte, o escritório de projetos gerencia de forma macro a carteira de projetos como micro, ajudando individualmente a cada gerente de projeto.

Ademais, o Portfólio de Programas e Projetos, com seus respectivos resultados, possibilita um melhor acompanhamento dos projetos, por meio da transparência no compartilhamento de informações, do foco em uma gestão estratégica e de seu alinhamento com o Planejamento Estratégico da SEDPcD, contribuindo diretamente para o alcance das metas organizacionais.

Desenvolvimento de parcerias

Na aplicabilidade da metodologia proposta, as instituições parceiras interagem com a equipe do PMO durante todas as etapas do processo de gerenciamento do projeto (iniciação, planejamento, viabilização, execução, monitoramento

18 Inovação em Gestão de Projetos na Administração Pública

e controle e encerramento). Essas interações são realizadas a partir de reuniões mensais com os *stakeholders*, monitoramento *in loco* das atividades contidas na Estrutura Analítica de Projeto (EAP) e disponibilização de informações por meio de *conference call*, videoconferência e relatório de progresso durante todas as etapas de desenvolvimento do projeto.

Em adição, ocorrem apresentações dos resultados conclusivos dos projetos para toda a equipe da alta administração da SEDPcD, objetivando a externalização e socialização dos conhecimentos adquiridos, fortalecendo a base das lições aprendidas e podendo, ainda, direcionar esses projetos no campo de atuação de políticas públicas. Os responsáveis pela execução e pelo acompanhamento dos projetos são devidamente treinados de acordo com a metodologia do PMO, mediante reuniões anteriores ao *kick-off*. Ressalva-se que nessas reuniões são demonstrados formulários baseados na linha PMI, tais como: Declaração de Escopo, Plano de Gerenciamento de Riscos, Planilha de Atribuições e Responsabilidade, Plano de Gerenciamento da Comunicação, Estrutura Analítica de Projeto (EAP) e Relatório de Progresso.

Portanto, a divulgação do conhecimento sobre a metodologia do PMO auxilia no planejamento adequado dos projetos, evita readequações e solicitações de mudanças, bem como inclusões e exclusões no escopo, assegurando a excelência dos resultados.

Considerações gerais

A implantação do Escritório de Gerenciamento de Projetos foi o primeiro passo para que este se tornasse altamente eficiente em suas proposições. Podemos verificar que os procedimentos desenvolvidos só serão completamente aceitos se a utilização da metodologia de gestão de projetos for realizada de forma permanente e institucionalizada.

Um ponto importante para que esta **implantação obtivesse sucesso** foi a prática de disseminar as informações junto aos interessados de forma gradativa, ou seja, à medida da evolução da maturidade com o tema e seu domínio e compreensão. Isso facilitou a adaptação dos envolvidos, permitindo absorver a metodologia, as funcionalidades e os benefícios das novas ferramentas gradativamente, sem que as rotinas diárias de trabalho às quais todos estavam acostumados fossem alteradas drasticamente. Isso só foi possível devido aos diálogos

Implementação de um PMO na Administração Pública... 19

durante a fase de iniciação do PMO, úteis para que as ferramentas pudessem ser adaptadas à realidade que a SEDPcD necessitava. Em um primeiro momento a simplificação dos procedimentos era vital para que os gestores de projetos aceitassem a metodologia.

Foi notado que a resistência à gestão de mudança é natural. Este tipo de comportamento diminuiu com o envolvimento da alta administração, que exigiu apoio das lideranças.

Outro fator que auxiliou muito nos procedimentos do PMO foi o mapeamento dos funcionários em relação ao seu conhecimento sobre o tema. Este mapeamento mostrou o nível em que se encontravam os envolvidos e a necessidade da realização de formação continuada, para que a gestão de projetos pudesse ser entendida em relação às suas atribuições e responsabilidades.

Portanto, para que a implantação do PMO possa ser realizada com êxito, algumas **lições aprendidas** devem ser verificadas para que a resistência dos funcionários à utilização da metodologia de GP seja menor:

▶ É muito importante a presença do *sponsor* (patrocinador) nas primeiras reuniões de alinhamento e disseminação do conceito de GP, para dar legitimidade aos membros do PMO.

▶ Cada etapa da implantação deve ser estudada pelos membros do PMO, para que os gerentes de projetos não tenham dificuldade na sua utilização (legitimidade do conhecimento).

▶ Simplificação dos primeiros passos para que haja uma aceitação inicial por parte das lideranças.

▶ Realização de formação continuada para aqueles que não tiveram contato anterior com gestão de projetos.

▶ Promoção de ações contínuas para demonstrar às lideranças que os documentos exigidos pelo PMO devem ser entregues por eles, pois isso é de suma importância para o desenvolvimento do projeto e, acima de tudo, facilitará suas tarefas futuramente, otimizando o processo de monitoramento e controle na gestão do projeto.

▶ Outro ponto a ser mencionado é que os resultados não aparecem de forma rápida, mas sim a médio e longo prazos. Aqueles que utilizaram a metodologia e recorriam aos membros do PMO quando tinham dúvidas perceberam uma diminuição no número de problemas durante a execução de seus projetos.

▶ Ter bem claro qual a finalidade do projeto, por que estamos fazendo (investimentos X benefícios), o que esperamos do retorno investido – **valor agregado** –, criando um portfólio sustentável, onde os benefícios sejam maiores que os custos.

▶ Que a instituição parceira garanta a utilização do produto, envolvendo o usuário, pois o **fluxo de valor** deve ser baseado nas necessidades estratégicas.

Para que as organizações consigam amadurecer a ponto de implantar um PMO é necessário que se quebrem paradigmas, que se trabalhe e se invista na mudança de cultura, que seja criado um ambiente de colaboração favorável com ganhos claros para todos, e não apenas para os executivos; que seja definido um padrão de trabalho a ser utilizado de forma democrática e sem muitas imposições, alinhado à estratégia da organização e aos objetivos organizacionais. Enfim, construir um caminho para ser trilhado passo a passo.

Segundo Quelhas e Barcaui, responsáveis por uma ampla pesquisa realizada com representantes e presidentes de instituições e grupos renomados como PMI, FGV, FIA/USP, há uma mudança do modelo mental com relação às práticas de gerenciamento de projetos, visível em direção ao profissionalismo e ao uso de métodos e técnicas de gerenciamento cada vez mais refinados. Consequentemente surgem estruturas organizacionais responsáveis pela garantia dos processos de gerência de projetos dentro das organizações.

À guisa de conclusão deste trabalho, notifica-se que a implementação do PMO privilegia uma governança por resultados, permite a transparência das informações gerenciadas internamente, padroniza os processos de seleção e gestão de projetos, favorece a identificação e direcionamento dos projetos para ação de política pública; além de valorizar o ciclo da gestão do conhecimento gerando insumos para a conquista da excelência em gerenciamento de projetos. Por conseguinte, este alinhamento consolidará fundamentos na construção de uma nova administração pública brasileira, garantindo a credibilidade de seus serviços de forma eficiente e eficaz, focados em benefícios tecnológicos e **sociopolítico-culturais** para a sociedade.

Pretendemos demonstrar que trabalhar segundo uma metodologia de gerenciamento de projetos é essencial para obter sucesso e gerar resultados sustentáveis em uma organização tanto pública quanto privada.

Referências bibliográficas

ANSELMO, J. L. **Escritório de Gerenciamento de Projeto:** um estudo de caso. Monografia (Graduação em Administração de Empresas) – Departamento de Administração da Faculdade de Economia, Administração e Ciências Contábeis. São Paulo: Universidade de São Paulo, 2002.

CRAWFORD, J. K. Making a Place for Success. **Project Management Best Pratices Report.** Jun. 2000.

DAI, X. C. **The role of the project management office in achieving project success.** Doctoral thesis. USA: The George Washington University, 2001.

DINSMORE, P. C. **Winning in business with Enterprise Project Management.** New York: Amacon Books, 1999.

GERHARD, E. **Causas e consequências da implantação de um PMO – Project Management Office.** Monografia (Graduação em Informática). São Leopoldo: Universidade do Vale do Rio dos Sinos, 2004.

KERZNER, H. **Gestão de Projetos:** as melhores práticas. Porto Alegre: Bookman, 2002.

MELLO, A. M. **Diretrizes Essenciais na Implantação de um PMO.** Disponível em <http://www.ogerente.com.br/projetos/dt/proj-dt-am-implantacao_pmo.htm>. Acesso em: jun. 2013.

PRADO, D. **Gerenciamento de Projetos nas Organizações.** Minas Gerais: Editora de Desenvolvimento Gerencial, 2000.

PROJECT MANAGEMENT INSTITUTE. **Um Guia do Conjunto de Conhecimentos em Gerenciamento de Projetos:** Guia PMBOK®. 4 ed. PMI, 2009.

22   Inovação em Gestão de Projetos na Administração Pública

QUELHAS, O.; BARCAUI, A. **Perfil de Escritórios de Gerenciamento de Projetos em Organizações Atuantes no Brasil.** 154f. Dissertação (Mestrado em Sistemas de Gestão) – Universidade Federal Fluminense, Niterói, 2004.

SANTOS, J. A.; CARVALHO, H. G. **RBC:** Referencial Brasileiro de Competências em Gerenciamento de Projetos (Brazilian National Competence Baseline). Curitiba: ABGP, 2005.

SBRAGLIA, R.; RODRIGUEZ, I.; GONZÁLEZ, F. Escritório de Gerenciamento de projetos: teoria e prática. **Artigo** (série de *working papers* n. 02/007) – Faculdade de Administração da Faculdade de Economia, Administração e Contabilidade – Departamento de Administração. Disponível em: <http://www.ead.fea.usp.br/wpapers/2002/02-007.PDF>. Acesso em: abr. 2007.

VARGAS, R. V. **Gerenciamento de Projetos:** estabelecendo diferenciais competitivos. 6 ed. Rio de Janeiro: Brasport, 2005.

ZORRINHO, C. **Gestão de Empresas na Era do Conhecimento.** Évora: Campus, 1999.

Anexo

1. Proposta do projeto

1.1. Identificação do projeto

Nome do projeto *(Informe o nome do projeto por extenso)*:

Órgão líder *(Informe o nome da Secretaria de Estado ou de um outro órgão da administração pública estadual do qual virá a maior parte dos recursos para a execução do projeto)*:

Eixo estratégico *(Informe em qual eixo estratégico a Proposta do Projeto se enquadra: empregabilidade e mercado de trabalho; acesso; tecnologia e ajudas técnicas)*.

1.2. Informações do responsável pela proposta

Nome *(Nome da pessoa que elaborou a proposta e que vai assiná-la)*:

Fone: *( )*

1.3. Período de execução estimado

Data de finalização: "T0" *(data de início)* + _____ meses

1.4. Aderência ao Plano Estratégico

*Descreva a ligação dos objetivos do projeto com a **linha estratégica** da Secretaria, e como a realização dos objetivos auxiliará a Secretaria a atingir suas metas.*

Linha Estratégica da Secretaria de Estado da Pessoa Com Deficiência:

***Visão** – tornar-se referência mundial em articulação, implementação e monitoramento da inclusão social de pessoas com deficiência até 2015.*

***Missão** – garantir o acesso das pessoas com deficiência no Estado de São Paulo a todos os bens, produtos e serviços existentes na sociedade.*

1.5. Justificativas do projeto

(Problema a ser solucionado ou necessidade a ser satisfeita pelo projeto)

*Descreva **por que** o projeto precisa ser executado. Qual é o problema que deverá ser solucionado ou a necessidade que deverá ser satisfeita quando os produtos gerados pelo projeto forem entregues.*

1.6. Objetivos do projeto

(O que o projeto vai fazer para que o problema ou necessidade sejam solucionados)

Descreva os objetivos do projeto. Podem ser divididos em objetivo gerais e específicos, se o proponente tiver em mãos informações que lhe permitam detalhar os específicos.

1.7. Metodologia

*Neste item, especifique a **forma** de trabalho das equipes e das instituições envolvidas no projeto e **como** as ações de desenvolvimento poderão ser acompanhadas pelos envolvidos.*

1.8. Produto(s) do projeto

(O que o projeto vai entregar nas várias etapas como produtos macromensuráveis)

Descreva produtos, atividades e tarefas que deverão ser gerados durante a execução do projeto.

1.9. Antecedentes do projeto

Descreva os antecedentes do projeto (continuidade de projeto já executado ou em execução, estudos de caso, levantamento de necessidades, fluxo de atualização de uma metodologia ou aplicativo etc.).

1.10. Beneficiário alvo

(Parcela da sociedade ou órgão interno a ser beneficiado com os resultados do projeto)

Informe quem será o beneficiário final da Ação de Governo da qual o projeto faz parte.

1.11. Meta

(Parcela da sociedade ou órgão interno a se beneficiar com os resultados do projeto)

*Informe o objetivo gerencial – **o quê**; a quantidade – **quanto**; e o prazo – **em quanto tempo**.*

1.12. Instituição que abrigará as ações do projeto

*Informe o órgão ou instituição que será responsável pela **execução** do projeto e **referências** que justifiquem a escolha deste parceiro.*

1.13. Outras instituições envolvidas

*Relacione aqui outros participantes individuais, grupos específicos, instituições religiosas, ONGs, instituições sindicais, comunidades, outros órgãos do governo que, mesmo **não sendo responsáveis diretos pela execução** do projeto, afetarão as decisões tomadas sobre o projeto ou serão afetados pela geração dos produtos do projeto.*

1.14. Orçamento preliminar

(Estimativa sumária dos custos totais do projeto)

Total previsto: R$

Descrição da fonte:

1.15. Tempo estimado de elaboração e execução do projeto

(Tempo de duração das atividades englobadas pelo projeto)

1.16. Comentários gerais

(Disponível para que o proponente possa tecer considerações adicionais importantes)

Responsável pela Proposta do Projeto:

_____

Assinatura

Nome: *(Informe o nome completo do responsável pela proposta)*

Título: *(Cargo, função, ou outro título do proponente)*

Capítulo 2. O Impacto do Escritório de Projetos no Planejamento das Organizações Públicas

Luiz Claudio Gonçalves
Marcello de Martino

Introdução

De acordo com Oliveira (2006), em termos gerais, pode-se afirmar que muitas organizações ainda veem o planejamento público apenas como uma questão de fazer planos, delegar responsabilidades e determinar o orçamento. Esse mesmo autor afirma que, no Brasil, especialmente em nível federal, há uma forte tendência que o planejamento ainda seja visto quase sempre como um ato de caráter estritamente tecnicista[1] dominado por economistas e burocratas. Essas pessoas assumem que, uma vez tendo o "plano certo", a implantação sairá automaticamente. Porém, a realidade tem sido diferente – muitos projetos, programas e políticas falham na sua implantação ou apresentam impactos negativos inesperados. Na visão de Oliveira (2006), somas consideráveis de recursos são gastas, as quais somente contribuem para o alongamento das décadas perdidas. Cabe aqui uma resposta às seguintes questões: por que o planejamento público costuma falhar? As estratégias organizacionais estão alinhadas às reais necessidades do planejamento público?

Possivelmente, esses projetos falham pela falta de instrumentos que efetivamente possibilitem o seu correto desenvolvimento e execução de maneira estruturada e controlada, de modo que esteja devidamente alinhado às estratégias da organização.

---

[1] Cabe salientar que já existem disponíveis na literatura nacional alguns estudos (ERIG; ANTUNES JR. e RAIMUNDINI, 2009) que apresentam a implantação da metodologia BSC junto ao planejamento estratégico das empresas (públicas e/ou privadas) como um instrumento que pretende alterar essa perspectiva apenas tecnicista.

28 Inovação em Gestão de Projetos na Administração Pública

Nesse sentido, o presente artigo, por meio de uma pesquisa bibliográfica, busca responder a essa questão. Para tal, fazemos uma análise conceitual a respeito das diversas formas de se pensar o planejamento público e apresentamos um instrumento que pode efetivamente facilitar o alinhamento das estratégias das organizações e as reais necessidades do planejamento público – a implantação do Escritório de Gestão de Projetos – EGP (*Project Management Office* – PMO).

Desenvolvimento

Planejamento público

Segundo Dinsmore (2004), no novo contexto de globalização e escassez de recursos, a administração pública se vê forçada a se tornar mais competitiva na luta pela busca de novas fontes de recursos financeiros, sendo obrigada a repensar seus processos internos de trabalho e estabelecer uma reestruturação completa da máquina pública para viabilizar a correta utilização e efetiva captação de investimentos privados nacionais e internacionais, e também recursos federais.

Ainda sob a ótica de Dinsmore (2004), além das questões financeiras, a pressão da sociedade civil também é outro fator importante, pela exigência e postura de cliente recentemente assumida. Assim, passou a exigir melhorias dos processos públicos institucionais, oriundas da inevitável comparação com as estruturas organizacionais do setor privado e do terceiro setor. Isso tende a forçar a administração pública a buscar a reestruturação dos seus processos e estabelecer um modelo gerencial com foco nos resultados.

No Brasil, conforme Kon (1999) e Mindlin (2003), o planejamento público sempre esteve relacionado meramente à elaboração de planos e ao controle. Historicamente, verifica-se a quantidade de planos que já foram e continuam sendo elaborados: trienais, decenais, econômicos, plurianuais, de desenvolvimento, regionais, diretores, etc. Para Kon (1999), tem-se uma cultura de planos, com a ideia de antever e organizar o futuro, como se isso fosse possível de maneira racional e previsível. A ideia de controle também está presente. Quando se analisam as funções das secretarias ou do Ministério de Planejamento, percebe-se um caráter altamente controlador. Suas principais atribuições giram em torno de controlar o orçamento e a alocação de recursos para diferentes órgãos estatais e projetos.

De modo geral, na visão de Kon (1999), os brasileiros geralmente tendem a uma visão positiva do planejamento, diferentemente dos norte-americanos, que

==========O Impacto do Escritório de Projetos no Planejamento das... 29

o veem com desconfiança, por ser uma forma de intervenção do Estado nos indivíduos e organizações.

De acordo com Mindlin (2003), a própria literatura brasileira clássica na área de planejamento o vê de forma simplista. O planejamento é visto como o processo de elaborar planos e tentar controlar o futuro, dividido em várias etapas sequenciais (estabelecer objetivos, fazer planos, executá-los, etc.), como se este fosse meramente uma receita de bolo para controlar o futuro. Também existe um viés economicista, onde o planejamento é econômico e puramente governamental, como se os governos pudessem ter controle da economia. Assim, a cultura de planejamento público nacional ainda vive na época do milagre econômico dos anos 1960 e 1970 e da utopia do "estado desenvolvimentista", relacionada ao conceito de planejamento da primeira metade do século passado. Vive-se, então, a ilusão de simplificar a realidade complexa do que é o processo de planejamento.

Kon (1999) afirma que o planejamento público é um processo de decisão político-social que depende de informações precisas, transparência, ética, aceitação de visões diferentes, vontade de negociar e buscar soluções conjuntas que sejam aceitáveis para toda a sociedade, principalmente para todas as partes envolvidas, levando continuamente ao aprendizado.

A importância da gestão de projetos alinhada ao planejamento público

Por mais de quatro décadas, as organizações, sejam essas de caráter público ou privado, vêm utilizando os princípios da disciplina de gerenciamento de projetos (GP) para administrar seus projetos. No entanto, muito pouco se fez para reconhecer essa disciplina como uma das *core competencies* para o efetivo sucesso na elaboração e implantação do planejamento empresarial (KERZNER, 2003; 2006).

Por outro lado, há um crescente interesse no tema, em função dos diversos resultados positivos que algumas dessas organizações tiveram quando aplicaram sistematicamente os princípios do GP com a devida orientação estratégica.

Entretanto, Kerzner (2006) salienta que há fortes indícios de que, em muitos casos, esses projetos não estão aderentes ao planejamento dessas organizações. Essa falta de aderência entre os projetos e o planejamento empresarial decorre frequentemente do fato de que a disciplina GP é vista apenas como uma ferramenta operacional para o controle dos prazos.

Vários autores destacam a enorme perda de recursos decorrente do cancelamento ou da equivocada implantação de projetos que não contribuem para os

30 Inovação em Gestão de Projetos na Administração Pública

objetivos estratégicos das organizações, uma vez que esses, na sua grande maioria, são desprovidos de uma conexão com o planejamento estratégico das organizações (COOPER, EDGETT e KLEINSCHMIDT, 1998; MILOSEVIC e SRIVANNABOON, 2006; SHENHAR, 2001).

Dessa forma, para um efetivo gerenciamento dos projetos públicos ou privados existentes, estes devem ser coordenados de forma centralizada e estar devidamente alinhados com as reais necessidades das organizações. Para tanto, uma solução amplamente adotada tem sido a implantação de uma unidade organizacional conhecida como Escritório de Gestão de Projetos – EGP (ou PMO – *Project Management Office*, como é conhecido na literatura internacional) que oferece suporte ao gerenciamento dos projetos, dissemina e aperfeiçoa a metodologia de gerenciamento, suas ferramentas e documentos padrões, mantém memória técnica das ações projetadas, dentre outras funções.

A implantação do escritório de gestão de projetos

O EGP deve ser uma estrutura que favoreça a correta execução do planejamento estratégico da organização, tornando possível maximizar o cumprimento de seus objetivos, aproximando assim a concepção da estratégia desenvolvida pela alta administração de seu braço executor (DINSMORE, 2004).

Prado (2006) e Prado (2008, p. 89) conceituam o EGP como "um pequeno grupo de pessoas que tem relacionamento direto com todos os projetos da empresa, seja prestando consultoria e treinamento, seja efetuando auditoria e acompanhamento de desempenho dos projetos". Já na visão de Valeriano (2005) e Pinto (2009), o escritório de projetos consiste em uma estrutura formal, instalada em uma organização e dedicada a apoiar sua comunidade de gerenciamento de projetos e seus próprios projetos.

Heldman (2006) define um EGP como um setor da organização que centraliza, supervisiona e gerencia os projetos e programas da organização. A autora ainda defende que um EGP pode ser implantado em qualquer organização, em qualquer estrutura e funcionar como conselheiro para a alta gestão. Para Dinsmore e Cavalieri (2005), um EGP tem como função dar todo o suporte para o gerente de projetos em relação às ferramentas e metodologias aplicadas.

Já Cleland e Ireland (2002) afirmam que um EGP é o que uma organização quer que este seja, podendo ser simples, com poucas pessoas preparando e mantendo um cronograma, até várias pessoas realizando planejamento, informes, garantia da qualidade, coleta de informações de desempenho e funcionar como um

========= O Impacto do Escritório de Projetos no Planejamento das... 31

centro de comunicação para vários projetos. O EGP ajusta-se às necessidades da organização e cresce de acordo com essas. Sua implantação conduz a benefícios em função da padronização de funções rotineiras de gerenciamento de projetos.

Alguns autores vêm associando o alinhamento metodológico dos projetos e o alinhamento estratégico da carteira de projetos ao negócio das organizações como atribuições características de um EGP (DINSMORE, 2004; VARGAS, 2005; RAD e LEVIN, 2002; PMI, 2006). A capacidade de associar os projetos às metas operacionais e estratégicas de uma organização tem implicações de longo prazo em relação ao uso de seus recursos, pois o gerenciamento integrado da carteira de projetos permite que a visão dos planos estratégicos seja equilibrada com a realidade da limitação ou da melhor opção de uso dos recursos de cada organização (KERZNER, 2006; DINSMORE, 2004).

A criação de uma área capaz de suportar tais empreendimentos e potencializar o resultado dos múltiplos projetos foi o passo seguinte. Na medida em que surgiram movimentações no sentido de padronizar técnicas e práticas para a instituição, bem como capacitá-la para traduzir sua estratégia organizacional em projetos consistentes e bem-sucedidos, o tema e o conceito do EGP adquiriram sensível atenção e dimensão (KERZNER, 2006; DISNMORE, 2004). Um EGP é implementado sob a crença de que as metas da empresa serão alcançadas por meio de uma abordagem sistêmica e incluem projetos estratégicos, melhoria operacional e transformação organizacional, assim como a gestão tradicional de projetos, segundo pensam Englund, Graham e Dinsmore (2003). A condução intencional de um conjunto selecionado de projetos por meio de um EGP promove, na opinião de Rad e Levin (2002), muito mais do que a eficiência e eficácia da organização em termos da coordenação de recursos, custos e interfaces. Na verdade, a implantação de um EGP torna consistente a operacionalização do planejamento estratégico.

Dessa forma, o EGP tende a se revelar como solução capaz de alinhar os projetos aos objetivos estratégicos do negócio por incorporar, ao gerenciamento de projetos, uma perspectiva empresarial e institucional. Se a gestão de projetos permite desdobrar a estratégia para toda a organização, é por meio dos EGPs como unidades ou estruturas centralizadoras dessa competência que se dão o alinhamento e a sustentação ativa com o planejamento estratégico (KEZNER, 2003, 2006).

A adoção e o desenvolvimento da metodologia de gerenciamento de projetos demandam transformações profundas na cultura organizacional, conforme destacam Rabechini (2003) e Dinsmore (2004), onde o próprio entendimento do EGP

32 Inovação em Gestão de Projetos na Administração Pública

como elemento importante na geração de resultados desejados aos negócios da organização influencia o próprio processo de sua criação e implantação.

Para Cleland e Ireland (2002, p. 65), a implantação desse modelo de gestão para o gerenciamento de projetos públicos constitui-se tarefa complexa: "o escritório de projeto deve ter apoio dos dirigentes para sua iniciação". Essa implantação se dá de cima para baixo, de modo que a autoridade pública valida o início e a manutenção do EGP.

Tem-se, assim, que a compreensão por parte dos altos dirigentes dos benefícios da apresentação de resultados, seu envolvimento direto no aprendizado dessa ferramenta e seu comprometimento na prática e divulgação da implantação, é um fator-chave para sua aceitação.

Dentre as diversas classificações ou níveis de EGP existentes, a proposta por Crawford (2002) e Englund, Graham e Dinsmore (2003) é uma das mais citadas. Os EGPs são divididos em três níveis, que podem existir concomitantemente na organização:

▶ **Nível 1 – Escritório de Controle de Projetos (ECP):** tem como funções o desenvolvimento do planejamento do projeto e a emissão de relatórios de progresso. Apresenta foco em um único projeto, porém de grande porte e complexidade.

▶ **Nível 2 – Escritório de Projetos da Unidade de Negócios (EPUN):** oferece apoio e suporte aos projetos da área, de diferentes portes e complexidades. Crawford (2002) destaca como principais funções do EPUN a priorização entre os projetos e o gerenciamento de recursos. A integração desses projetos acontece no escopo da Unidade de Negócios, não atingindo o nível corporativo.

▶ **Nível 3 – Escritório Estratégico de Projetos (EEP):** apresenta como atribuições:

○ Selecionar, priorizar e garantir a integração dos projetos que estejam alinhados à estratégia da organização, inclusive no que se refere ao uso de recursos.

○ Desenvolver, atualizar e divulgar a metodologia de gerenciamento de projetos e o conhecimento em gerenciamento de projetos.

○ Tornar-se um centro de gestão do conhecimento, por meio do armazenamento de informações dos projetos na forma de lições aprendidas.

==========O Impacto do Escritório de Projetos no Planejamento das... 33

○ Validar as estimativas de recursos feitas pelos projetos, com base nas experiências de projetos anteriores.

Alinhamento do EGP com a estratégia organizacional

Conforme Hrebiniak (2005), os projetos gerenciados pelo EGP não são um conjunto de atividades agrupadas aleatoriamente. Esses derivam de um processo norteado pelo estabelecimento da missão e da visão de futuro da organização, decorrente do processo de elaboração e desdobramento da estratégia da organização, a qual define contexto, clientes, mercado, tecnologias, produtos, logística, enfim, onde o jogo da execução é jogado.

Um erro na definição da estratégia desencadeia um conjunto de objetivos estratégicos e iniciativas estratégicas que não estarão alinhadas entre as áreas, e, consequentemente, o esforço se dará em direções diferentes, produzindo resultados inócuos, oriundos de uma operacionalização da estratégia em consonância com o entendimento de cada um (HREBINIAK, 2005). A estratégia requer suporte para atingir o comum entendimento ao longo de todas as áreas funcionais, departamentos e empregados, para que seja executada eficientemente. O EGP torna-se uma poderosa ferramenta para implantar a estratégia organizacional conectando todos os recursos necessários à sua execução. O EGP complementa e facilita a implantação do planejamento estratégico da organização, ajudando-a a clarificar e disseminar sua estratégia para os demais colaboradores, para que a visão e a missão possam ser alcançadas através das suas ações.

Considerações finais

Atualmente a gestão pública vem manifestando uma sensível transformação em seu modo de atuação, por meio da renovação da sua antiquada forma de gestão, a qual tem como objetivo a obtenção de melhores resultados para a sociedade como um todo. Nesse sentido, os entraves burocráticos, elementos visíveis da antiga forma de gestão, estão dando lugar às iniciativas inovadoras e à proatividade, tendo como foco principal o aprimoramento da capacidade de gestão dessas instituições aliado a uma racionalidade na utilização dos recursos do Estado. Entretanto, mesmo com todos os esforços dispendidos, nem sempre consegue-se chegar à excelência, já que a existência de enormes barreiras e desafios é frequente em qualquer mudança organizacional.

34 Inovação em Gestão de Projetos na Administração Pública

Apesar das inerentes dificuldades em todo processo que envolve mudança de cultura organizacional, a implantação dos EGPs tem sido uma forte tendência e, mais importante do que isso, tende a proporcionar resultados relevantes às organizações tanto privadas como públicas a um custo de implantação e manutenção normalmente muito baixo, se comparado aos benefícios trazidos.

Dessa forma, entende-se que o círculo virtuoso de melhorias proporcionado pela criação, implantação e, principalmente, pelos objetivos alcançados pelo EGP alinha-se às prementes necessidades de gestão dos processos públicos, uma vez que o EGP fornece um método claro e preciso de divulgação e esclarecimento a todos os envolvidos, atributo este que poucas metodologias oferecem. Assim, mais que um modismo gerencial, o EGP torna-se um forte parceiro na busca do aprimoramento contínuo dos processos estratégicos existentes, permitindo um perfeito sincronismo e alinhamento entre as várias esferas envolvidas nos processos da gestão pública.

Por fim, tendo em vista os resultados observados na pesquisa aqui realizada, apesar do longo caminho a ser percorrido rumo à maturidade no gerenciamento de projetos públicos, pode-se salientar que, no que se refere à implantação dos EGPs, percebe-se que esses cada vez mais caracterizam-se como ferramentas indispensáveis na busca pelo aprimoramento da gestão pública no país.

Referências bibliográficas

CLELAND, D.; IRELAND, L. **Gerência de projetos**. Rio de Janeiro: Reichmann & Affonso Editores, 2002.

COOPER, R. G.; EDGETT, S. J.; KLEINSCHMIDT, E. J. **Portfolio management for new products.** Boston: Perseus Books, 1998.

CRAWFORD, J. K. **The Strategic Project Office:** A Guide to Improving Organizational Performance. New York: Marcel Dekker Inc., 2002.

DINSMORE, P. C. **Gerenciamento de projeto:** como gerenciar seu projeto com qualidade, dentro do prazo e custos previstos. Rio de Janeiro: Qualitymark, 2004.

_____; CAVALIERI, A. **Como se tornar um profissional em Gerenciamento de Projetos.** Rio de Janeiro: Qualitymark, 2005.

ENGLUND, R. L.; GRAHAM, R. J.; DINSMORE, P. C. **Creating the Project Office:** A Manager's Guide to Leading Organizational Change. San Francisco: John Wiley & Sons, 2003.

======O Impacto do Escritório de Projetos no Planejamento das... 35

ERIG, R.; ANTUNES JR, J. A. V.; RAIMUNDINI, S. L. Balanced Scorecard na administração pública municipal: um estudo de caso na prefeitura municipal de Porto Alegre. **Revista de Administração Pública e Gestão Social (APGS)**, v. 1, n. 2, 2009.

HELDMAN, K. **Gerência de projetos**. Rio de Janeiro: Elsevier, 2006.

KERZNER, H. **Gestão de projetos:** as melhores práticas. Porto Alegre: Bookman, 2006.

KERZNER, H. **Strategic Planning for Project Management using a Project Management Maturity Model.** Nova York: John Wiley & Sons, 2003.

HREBINIAK, L. G. **Making strategy work:** leading effective execution and change. New Jersey: Wharton School Publishing, 2005.

KON, A. (org.). **Planejamento no Brasil II.** São Paulo: Perspectiva, 1999.

MILOSEVIC, D. Z.; SRIVANNABOON, S. A theoretical framework for aligning project management with business strategy. **Project Management Journal**, v. 37, n. 3, p. 98-110, 2006.

MINDLIN, B. (org.). **Planejamento no Brasil**. São Paulo: Perspectiva, 2003.

OLIVEIRA, J. A. P. de. Desafios do planejamento em políticas públicas: diferentes visões e práticas. Rio de Janeiro. **Revista de Administração Pública**, v. 40, n. 2, mar./abr. 2006.

PRADO, D. S. **Planejamento e Controle de Projetos**. 6 ed. Nova Lima: INDG, 2006.

_____. **Maturidade em Gerenciamento de Projetos**. Nova Lima: INDG, 2008.

PROJECT MANAGEMENT INSTITUTE. **The Standard for Program Management.** Newton Square: PMI, 2006.

RAD, P. F.; LEVIN, G. **The Advanced Project Management Office:** a comprehensive look at function and implementation. Boca Raton: CRC Press LCC, 2002.

SHENHAR, A. One size does not fit all projects. **Management Science – INFORMS**, v. 47, n. 5, p. 394-414, 2001.

VARGAS, R. V. **Gerenciamento de Projetos:** estabelecendo diferenciais competitivos. 6 ed. Rio de Janeiro: Brasport, 2005.

Capítulo 3. Viavilidade Econômico-Financeira de Projetos

Fernando de Almeida Santos

Introdução

Um dos aspectos muito relevantes para um projeto é a sua viabilidade econômica e financeira. Mesmo em casos de empresas que não têm fins lucrativos ou de projetos que não têm o objetivo de lucro, é importante calcular a rentabilidade, pois todos os órgãos necessitam de resultados para manter o seu funcionamento.

Um projeto social pode ser muito justificável por ser uma causa nobre, mas, se a instituição o iniciar, pode depois não atingir os seus objetivos, em caso de descontinuidade por falta de condições financeiras. Além deste fato, se há a intenção de buscar recursos privados, mostrando a viabilidade econômico-financeira, fica mais fácil convencer os investidores.

Este capítulo tem o objetivo de demonstrar formas de verificar a viabilidade econômico-financeira de um projeto, considerando a expectativa de retorno e as condições previstas em seu planejamento. Demonstra, ainda, técnicas de análise para identificar a viabilidade das formas de financiamento e comparar diferentes fontes de recursos. Apresentaremos, de forma simples, como calcular a TIR (Taxa Interna de Retorno) e o VPL (Valor Presente Líquido).

Revisão bibliográfica

A necessidade de captar recursos e fazer a gestão do patrimônio

Toda instituição precisa fazer uma gestão adequada dos seus recursos e resultados, ainda que a razão da sua criação seja muito nobre, pois os recursos são escassos. Portanto, é importante destacar que:

▶ As instituições públicas devem acompanhar e controlar os recursos, pois pertencem à população.

38 Inovação em Gestão de Projetos na Administração Pública

▶ As instituições privadas, pela sua própria caracterização, buscam sempre resultados. Conhecer técnicas de viabilidade econômico-financeira é fundamental para ter argumentos que justifiquem para as empresas privadas o desenvolvimento de um projeto.

▶ Embora a finalidade das instituições sem fins lucrativos não seja o lucro, elas necessitam deste lucro para a sua existência e para dar continuidade aos seus objetivos sociais.

Em relação às empresas sem fins lucrativos, Drucker (1999; p. 225-226) afirma que três coisas são necessárias para que o potencial dessas empresas se torne realidade:

▶ Gerenciar tão bem a si mesma quanto as melhores empresas.

▶ Aprender a levantar dinheiro.

▶ Obter dinheiro adicional de que necessitam, principalmente originários de pessoas físicas.

Projetos de viabilidade econômico-financeira

Conforme Kahn (2003, p. 13), projetos são investimentos temporários que buscam resultados únicos. Segundo a ISO NBR 10.006 (2001), projeto é um "processo único, consistindo de um grupo de atividades coordenadas e controladas com data para início e término, empreendido para o alcance de um objetivo conforme requisitos específicos, incluindo limitações de tempo, custos e recursos".

Conforme destaca Trentim (2011, p. 17), os objetivos de um projeto devem ser avaliados e controlados, confrontados com o planejamento, durante todo o ciclo de vida do projeto, de modo a verificar a viabilidade e necessidade do projeto ao longo do tempo, uma vez que o cenário externo e o contexto ao longo do tempo podem mudar.

Um projeto de viabilidade econômico-financeira, portanto, consiste em identificar se uma ação planejada temporária, com determinado objetivo, possibilitará um retorno financeiro ou, caso não traga, definir qual o retorno possível.

Portanto, para elaboração de um projeto, é importante projetar o fluxo de caixa, que consiste na elaboração orçamentária, assim como o seu acompanhamento, para verificação dos seus resultados. Para elaboração deste fluxo de caixa, será apresentada uma metodologia que foi desenvolvida para elaboração de orçamentos de capital, considerando que os projetos são para atender a determinado período.

Viabilidade Econômico-Financeira de Projetos   39

Premissas para elaboração do fluxo de caixa orçamentário

Para elaboração do fluxo de caixa é importante destacar que serão utilizadas algumas premissas básicas:

▶ **Premissa 1:** o orçamento é elaborado conforme regime de caixa. O regime de caixa serve para planejar e controlar as necessidades e sobras de caixa e apurar o resultado financeiro (superávit ou déficit de caixa). Esse aspecto observa que na construção do projeto serão projetados o quanto irá entrar e sair de dinheiro com a sua implantação nos períodos previstos.

▶ **Premissa 2:** todo projeto ao ser analisado deverá ter um horizonte temporal, ou seja, um período projetado. Por exemplo, o projeto de criar uma ONG com o objetivo de desenvolver pesquisa para facilitar o aprendizado de pessoas com deficiência. A ONG se propõe a criar uma infraestrutura para o desenvolvimento de pesquisa de equipamentos que auxiliam o aprendizado destas pessoas. Apesar de a ONG ser montada com o objetivo de continuidade, ou seja, sem um prazo previsto, o projeto da sua criação deve ter um horizonte de análise, pois, atualmente, possui determinados recursos, que são: infraestrutura, tecnologia, pessoas e até capital. Este conjunto de recursos é possível ser projetado com determinada margem de erro e risco para um período. Quanto maior o período projetado, maior o risco de erro e maior a dificuldade de previsão. Portanto, para elaborar um projeto, é possível fazer uma projeção de no máximo dez anos, mas com revisões no mínimo anuais.

Processo de elaboração orçamentária

Segundo Gitman (2010, p. 327), o processo de elaboração orçamentária compreende cinco etapas distintas, porém relacionadas, que são:

▶ Geração de propostas.

▶ Revisão e análise.

▶ Tomada de decisão.

▶ Implementação.

▶ Acompanhamento.

Para elaboração das propostas, além de dados econômico-financeiros, deve-se incluir dados qualitativos e quantitativos, como justificativa social, impacto direto ou indireto, pessoas envolvidas e beneficiadas e outros. Observa-se que os

40 Inovação em Gestão de Projetos na Administração Pública

dados econômicos e financeiros devem ser descritos de forma complementar a dados sociais ou ambientais.

Em relação ao acompanhamento, é necessária uma relação entre indicadores de resultados projetados e os aspectos financeiros, para verificar se os investimentos estão compatíveis com as metas do projeto.

Componentes do fluxo de caixa

Gitman (2010, p. 329) destaca que um fluxo de caixa convencional tem os seguintes componentes: investimento inicial negativo e caixas operacionais periódicos, que representam entradas e saídas.

Esta definição do autor sobre o fluxo de caixa é relevante, pois há uma concepção de que ao iniciar um projeto é necessário um desembolso e que durante o período projetado haverá um retorno, finalizado ao término.

Para elaboração dos projetos podemos considerar os seguintes componentes:

► **Investimento inicial:** consiste em quanto a instituição deverá desembolsar para iniciar um projeto.

► **Caixas operacionais:** representam as entradas e saídas, podendo ser elaboradas de forma anual, mensal ou outra periodicidade, conforme as características do projeto. Teoricamente, o montante de entradas deve ser maior que o de saídas. Há projetos sociais, por sua vez, que possuem saldos negativos, mas se justificam pela sua relevância social, assim como um projeto pode nem ter entradas. Exemplo: um projeto social do governo para conscientizar a população de determinada região sobre as formas de inserção social das pessoas com deficiência nos diversos ambientes sociais. Este projeto pode não gerar arrecadação para o estado, pois tem apenas custos e despesas, mas justifica-se pela sua função social.

► **Valor residual:** ao final do período é possível que o projeto capte algum recurso, devido ao fato de se desfazer da infraestrutura adquirida ou construída para elaboração do projeto. Geralmente o valor residual é positivo, mas pode ser negativo ou nulo, dependendo da análise.

Componentes do projeto

Cálculo do valor do investimento a ser realizado

O investimento deve ser descrito, e o impacto na sua saída de caixa precisa ser previsto, pois é necessário realizar o fluxo. O fato de uma instituição realizar um

Viabilidade Econômico-Financeira de Projetos 41

investimento pode não afetar o resultado, mas o fluxo de caixa deve ser revisto pela aquisição.

Definição da forma de financiamento

O proponente do projeto deve definir os seguintes aspectos em relação ao financiamento:

▶ As possíveis fontes de recursos (próprias e de terceiros).

▶ O custo de capital dessas fontes.

▶ O custo de oportunidade, ou seja, a necessidade de incrementar o capital de giro.

▶ O risco das fontes de financiamentos.

Uma decisão errônea sobre os recursos pode proporcionar situações como o fato de interromper um projeto por não ter dinheiro, devido a ter feito uma aquisição à vista de um ativo fixo. Tal aquisição poderia ser adiada ou financiada, pois, geralmente, financiamento de ativos fixos tem juros menores.

Análise financeira

A análise financeira deve contemplar a projeção dos custos, das despesas e das receitas, para identificar qual o impacto do projeto no fluxo de caixa e no capital de giro, fazendo as devidas projeções.

Para análise do fluxo de caixa, recomenda-se calcular:

VPL – Valor Presente Líquido: verifica, em determinado período, conforme um retorno esperado, qual o valor presente do projeto.

Exemplo: determinada empresa pretende adquirir um bem que irá custar R$ 7.000,00 e possibilitar um incremento de caixa no valor de R$ 3.000,00 anuais. O projeto tem horizonte de três anos e, ao final, possibilitará um valor residual de R$ 1.000,00.

Para um projeto para três anos temos os seguintes dados:

I0 = Investimento Inicial = R$ 7.000,00

CO1 = Caixa Operacional Ano 1 = R$ 3.000,00

CO2 = Caixa Operacional Ano 2 = R$ 3.000,00

CO3 = Caixa Operacional Ano 3 = R$ 3.000,00

42 Inovação em Gestão de Projetos na Administração Pública

VR = Valor Residual = R$ 1.000,00

T = Taxa de retorno esperada = 15%/ano

Portanto, o projeto deve ser estruturado desta forma:

Ano 1 = VPL = – Investimento Inicial = -R$ 7.000,00

Ano 2 = CO1/(1+T)^1 = (3.000)/(1,15)^1 = R$ 2.608,70

Ano 3 = CO2/(1+T)^2 = (3.000)/ (1,15)^2 = R$ 2.268,43

Ano 4 = (CO2+VR)/(1+T)^3 = (3.000+1.000)/(1,15)^3 = R$ 2.630,06

VPL = -7.000 + 2.608,70 + 2.268,43 + 2.630,06 = *R$ 507,19*

Como o VPL é positivo, o investimento é viável.

A potenciação representa o ano em que é realizada a operação. Observe que para o valor residual deve-se repetir o último ano, pois a empresa não irá esperar mais um ano para realizá-la. Observe que no Excel há a ferramenta VPL, que permite o cálculo direto. Para calcular deve-se:

Montar a planilha conforme Figura 3.1, mas não esqueça de somar o valor do último ano ao caixa operacional. Observe que o caixa operacional não pode estar uma linha abaixo, pois o Excel irá considerar que ele será obtido apenas no ano seguinte.

Componentes	Fluxo de Caixa
	R$
Investimento Inicial	-7000,00
Ano 1	3000,00
Ano 2	3000,00
Ano 3	4000,00
Total	3000,00

Figura 3.1. Cálculo de Valor Presente Líquido (Fonte: elaborado pelo autor).

Viabilidade Econômico-Financeira de Projetos 43

▶ Selecionar uma célula em branco.

▶ Selecionar a opção "fórmulas" e depois "financeira".

▶ Selecionar a opção "VPL".

▶ Selecionar "taxa" e preencher 0,15, que consiste no valor esperado, que representa os 15%.

▶ Selecionar a planilha no "valor 1" e selecionar a sequência de números que deverá ser analisada: "B4:B6".

▶ Selecionar "OK".

▶ Posteriormente, na mesma célula, adiciona-se o investimento inicial: "B3".

Portanto, a fórmula da célula, neste caso, ficaria =VPL(0,15;B4:B6)+B3

Taxa Interna de Retorno: consiste em taxa de desconto que propicia R$ 0,00 de oportunidade de investimento.

Considerando o mesmo exemplo, qual é a taxa máxima de retorno, ou seja, a TIR?

O projeto ficará estruturado da seguinte forma:

Ano1 = Investimento Inicial = R$ -7.000,00

Ano 2 = $CO1/(1+TIR)^1 = 3.000/(1,191131)^1 = $ R$ 2518,61

Ano 3 = $CO2/(1+TIR)^2 = 3.000/(1,191131)^2 = $ R$ 2.114,47

Ano 4 = $(CO2+VR)/(1+TIR)^3 = (3.000+1.000)/(1,191131)^3 = $ R$ 2.366,91

TIR = -7.000 + 2.518,61 + 2.114,47 + 2.366,91 = *ZERO*

Portanto, TIR = 19,1131%

Logo, se premissas do caso citado forem mantidas, retirando-se 19,1131% anualmente haverá um Valor Presente Líquido de R$ 0,00. Isso significa que é possível obter 19,1131% do projeto no período de três anos.

Calcular a TIR de forma manual ou com calculadoras não é algo fácil, principalmente se houver muitos dados.

Observe que no Excel também há a ferramenta TIR, que permite o cálculo direto.

44 Inovação em Gestão de Projetos na Administração Pública

Utilizando-se novamente a planilha apresentada na Figura 3.1, a forma de cálculo é a seguinte:

► Selecionar uma célula em branco.

► Selecionar a opção "fórmulas" e depois "financeira".

► Selecionar a opção "TIR".

► Selecionar "OK".

► Selecionar a planilha "valores" e selecionar a sequência de números que deverá ser analisada: "B3:B6".

► Portanto, a fórmula da célula, neste caso, ficaria =TIR(B3:B6).

Caso prático

Este caso é real de uma empresa de economia mista, ou seja, de capital público e privado, apenas com dados fictícios em relação aos valores. Determinada empresa precisava contratar pessoas com deficiência, pois não cumpria a quota obrigatória, conforme determina o art. 93 da Lei nº 8.213/91.

Tabela 3.1. Quota obrigatória de pessoas com deficiência (Fonte: art. 93 da Lei nº 8.213/91).

Número de empregados contratados pela empresa	Quota mínima
100 a 200 empregados	2%
201 a 500 empregados	3%
501 a 1.000 empregados	4%
Acima de 1.000 empregados	5%

O motivo do descumprimento é não ter políticas para admissão, recrutamento, acompanhamento e desenvolvimento desses profissionais. Desta forma, não se conseguem os profissionais e há problemas de adaptação ao conseguir, pois o ambiente não está preparado para recebê-los.

A empresa elaborou um projeto para mudar a política e adequar a lei. Com esta mudança faz a previsão do seguinte fluxo de caixa:

► **Desembolso inicial:** R$ 390.000,00. O desembolso inicial consiste em adaptação de alguns móveis, instalação de rampas, elaboração e políticas e outros.

Viabilidade Econômico-Financeira de Projetos   45

► **Redução de multa pelo MPT (Ministério Público do Trabalho):** R$ 95.000,00. O Investimento Inicial será: R$ -390.000,00 + 95.000 = R$295.000,00.

► **Custos operacionais anuais:** R$ 110.000,00. Os custos operacionais são relativos a campanhas internas e externas de comunicação, estratégias de novos recrutamentos e outros.

► **Incrementação da receita anual:** R$ 150.000,00. Com o projeto a empresa pretende divulgar as ações, atraindo investidores e melhorando a imagem institucional.

► Caso não implante as ações, com a divulgação das multas pela imprensa, deverá ter um desgaste institucional que pode impactar em redução de receitas em R$ 80.000,00 anuais. Portanto, implantar o projeto é considerado um aspecto positivo.

► **Incentivos fiscais anuais:** R$ 25.000,00 para implementação do projeto, pois há como deduzir parte no imposto sobre a renda.

Os caixas operacionais anuais serão:

-110.000,00 + 150.000,00 + 80.000,00 + 25.000,00 = R$145.000,00

► **Horizonte do projeto:** cinco anos.

Elabore o fluxo de caixa e calcule o Valor Presente Líquido, considerando um retorno de 12% e a TIR.

Tabela 3.2. Fluxo de Caixa – TIR e VPL (Fonte: elaborado pelo autor).

Componentes	Saldo
Investimento inicial	- 295.000,00
Ano 1	145.000,00
Ano 2	145.000,00
Ano 3	145.000,00
Ano 4	145.000,00
Ano 5	145.000,00
Saldo	430.000,00
VPL – 12%	R$ 227.692,55
TIR	40%

46 Inovação em Gestão de Projetos na Administração Pública

Observe que o retorno do projeto é 40%, conforme o cálculo da TIR, portanto é viável, pois a empresa deseja apenas 12%.

Considerações finais

Os projetos sociais têm um papel fundamental na sociedade, pois eles reduzem as diferenças construindo ambientes inclusivos e melhorando a qualidade de vida dos beneficiados. Para esses projetos desempenharem seus papéis é necessário planejamento, acompanhamento e associação dos resultados às metas econômico-financeiras. Com o objetivo de realizar este acompanhamento, propomos a projeção do fluxo de caixa, além da elaboração de indicadores, entre eles o VPL (Valor Presente Líquido) e a TIR (Taxa Interna de Retorno). A utilização de metas e bancos de dados confiáveis possibilita melhorar os resultados, replanejar e rever a missão dos projetos – e até das instituições. Compreender este fato significa buscar a melhoria contínua dos profissionais envolvidos, profissionalizando sempre.

Referências bibliográficas

ASSOCIAÇÃO BRASILEIRA DE NORMAS TÉCNICAS. **BR ISO 10.006.** Gestão da qualidade – Diretrizes para a qualidade no gerenciamento de Projetos. Comitê Brasileiro de Qualidade – Comissão de Estudo Qualidade no Gerenciamento de Projetos, 2001.

BRASIL. **Lei 8.213 de 24 de julho de 1991.** Dispõe sobre os Planos de Benefícios da Previdência Social e dá outras providências. Brasília, DF. Disponível em: <http://www.planalto.gov.br/ccivil_03/leis/l8213cons.htm> Acesso em: jun. 2013.

DRUCKER, P. F. **Administrando em tempos de grandes mudanças.** São Paulo: Pioneira, 1999.

GITMAN, L. J. **Princípios de Administração Financeira.** 12 ed. São Paulo: Pearson Prentice Hall, 2010.

KAHN, M. **Gerenciamento de projetos ambientais.** Rio de Janeiro: E-papers, 2003.

TRENTIM, M. H. **Gerenciamento de projetos:** guia para as certificações CAPM® e PMP®. São Paulo: Atlas, 2011.

Capítulo 4. Recrutamento, Seleção e Treinamento de Pessoas Qualificadas

Darlan Oliveira Rocha

Resumo

O presente texto deve ser considerado mais um ensaio do que um artigo em si. Isto se deve à sua característica de procurar reunir, em meio à leitura e à análise de alguns estudos já existentes, informações acerca da reflexão histórica, do perfil do gerente de projetos e da constituição de equipes, que são alguns dos fatores críticos para o sucesso de um projeto. Com base nesses dados, pode-se definir ou, ao menos, esboçar um perfil necessário ao gerente de projetos no cenário atual. Inicialmente, é traçado um referencial teórico (sucinto) do tema para então, baseado em aspectos conceituais relevantes, refletir a respeito de uma possível definição do perfil do gerente de projetos. Em seguida, aborda-se ligeiramente sua relação com as equipes, bem como sua constituição e as variáveis que as influenciam. Em conclusão, indagamos: será que é possível?

Traçando um referencial

A importância dos projetos na viabilização dos negócios tem crescido ultimamente e pode ser percebida pelo aumento do número de empresas que estão adotando a metodologia do gerenciamento de projetos (KERZNER, 2000). Para as empresas que buscam uma vantagem competitiva pela inovação, gerar competências na formação de equipes de trabalho passa a ser uma preocupação fundamental, bem como administrar múltiplas funções em perspectivas diferentes (FRAME, 1999).

O gerenciamento de projetos é aplicável a diversos segmentos, dada a difusão do seu conceito numa acepção mais ampla, atingindo o gerenciamento integral. Essa evolução afetou a equipe de projeto e em especial o gerente, cujo perfil é

48 Inovação em Gestão de Projetos na Administração Pública

modificado de planejador de redes de atividades a articulador, transitando entre conflitos, mudanças drásticas e outras variáveis do ambiente em que está inserido.

Kerzner (2000) defende que, para atingir o patamar de excelência no gerenciamento de projetos, as organizações precisam criar um ambiente em que os projetos alcancem sucesso continuamente, estabelecendo processos integrados, suporte gerencial adequado, excelência comportamental, informalidade, postura de treinamento, educação e, finalmente, criando uma cultura em gerenciamento de projetos.

Em um mundo onde a mudança é constante e a competição é incessante, o importante é saber como aprender novas disciplinas e não simplesmente fazer algo específico. Aprender a aprender permitirá responder com efetividade a qualquer mudança. Eis, então, o desafio posto a um profissional gerente de projetos.

De acordo com o *Project Management Institute* (PMI), serão criados treze milhões de novos postos para gerentes de projetos, globalmente, até 2020. O Brasil tem a quinta maior demanda por gerentes de projetos do mundo. Nos próximos sete anos, serão necessários mais de 1,3 milhão de profissionais para dar conta do recado. "O capital investido nesses projetos é altíssimo e qualquer falha representa um prejuízo enorme", diz Ricardo Triana, vice-presidente do conselho diretivo do PMI. O salário médio de um gerente de projetos no Brasil, segundo levantamento do PMI, é de R$ 12.000,00 mensais. Algumas consultorias de recrutamento afirmam que os contracheques variam de R$ 8.000,00 a R$ 18.000,00, em média. O que determina o montante é a experiência que o profissional tem, somada ao retorno que pode trazer à empresa.

Ainda segundo o PMI, os cursos voltados para a capacitação de gerentes de projetos em universidades brasileiras cresceram 80% nos últimos cinco anos, e as certificações continuam sendo o referencial para aqueles que pretendem prosseguir com êxito na carreira, comprovando conhecimentos técnicos e experiência na área.

Aspectos conceituais relevantes

Em seu capítulo 1 – Introdução, item 1.6, o Guia PMBOK® define **o papel de um gerente de projetos** nos seguintes termos: "(...) é a pessoa designada pela organização executora para atingir os objetivos do projeto (...). Muitas das ferramentas e técnicas de gerenciamento de projetos são específicas ao gerenciamento de projetos. No entanto, compreender e aplicar o conhecimento, as ferramentas e as técnicas reconhecidas como boas práticas não são suficientes para um gerenciamento eficaz. Além de todas as habilidades da área específica e das proficiências ou competências de gerenciamento geral exigidas, o gerenciamento de projetos eficaz requer que o gerente tenha as seguintes três características:

▶ **Conhecimento.** Refere-se ao que o gerente de projetos sabe sobre gerenciamento de projetos.

▶ **Desempenho.** Refere-se ao que o gerente de projetos é capaz de realizar enquanto aplica seu conhecimento em gerenciamento de projetos.

▶ **Pessoal.** Refere-se ao comportamento do gerente de projetos na execução do projeto ou de alguma atividade relacionada. A efetividade pessoal abrange atitudes, as principais características da personalidade e liderança; a capacidade de orientar a equipe do projeto, ao mesmo tempo em que atinge objetivos e equilibra as restrições (...)".

Segundo Hamel e Prahalad (1995), competência "é um conjunto de habilidades e tecnologias, e não uma única habilidade ou tecnologia isolada", estabelecendo-se o conceito de competências essenciais. Já para Fleury & Fleury (1999), trata-se de "um saber agir responsável e reconhecido, implicando mobilizar, integrar, transferir conhecimentos, recursos, habilidades, que agregue valor econômico à organização e valor social ao indivíduo".

Hartman e Skulmoski (1999) associaram o seu conceito à existência de um conhecimento especial. Para eles, as competências compõem um grupo de conhecimento, habilidades e atitudes que influenciam o desempenho de um projeto. Em uma visão ampla, competências são características que dão desempenho superior a um projeto.

Proposta de definição de perfil para gerente de projetos

Pensar em uma definição fechada de perfil para o gerente de projetos seria utópico, dadas as características de sua atividade, a diversidade e a complexidade de seus segmentos de atuação, e as competências, habilidades e atitudes requeridas para fazer frente aos desafios que se colocam diante desse profissional.

Na era do conhecimento, o que mais adiciona valor aos produtos e serviços são as atividades inteligentes e não as rotineiras (FLEURY e FLEURY, 2000). Portanto, para a obtenção de resultados significativos é fundamental o desenvolvimento de competências tanto no âmbito do indivíduo como no da organização, além de habilidades interpessoais, como capacidade de liderança, comunicação, negociação e empatia.

50 Inovação em Gestão de Projetos na Administração Pública

O gerente de projetos não é aquele que só controla planilhas, mas quem se comunica bem com a equipe, entendendo as dificuldades e procurando administrá-las como oportunidades de melhorias e aprendizado coletivo. Para Ricardo Vargas, a capacidade de lidar com a pressão é outro pré-requisito desse profissional: "o papel de um gerente de projetos é sempre buscar a eficiência. O técnico não precisa ter sido o jogador mais brilhante. Ele tem de entender como o jogo é jogado e criar modelos de incentivo para que os jogadores trabalhem como um grupo, e não como um bando desordenado".

Em um estudo de caso realizado para a identificação dos *Fatores críticos para a implementação de gerenciamento por projetos*, os entrevistados enumeraram por ordem de importância as habilidades de um gerente de projetos, a partir de suas percepções. As três habilidades percebidas como mais importantes foram: relacionamento humano, liderança e técnica, sendo que relacionamento humano e liderança estão entre as três primeiras tanto para os técnicos como para os gerentes.

Em sua plenitude, é óbvio que o gerenciamento de projetos dê muito valor aos aspectos gerenciais. Um dos elementos percebidos como mais importantes no desenvolvimento de tarefas complexas refere-se às atitudes positivas do gerente em relação à formação de equipes de projetos. Embora as equipes se motivem na busca de resultados, muitas vezes elas não sabem quais são os objetivos finais e, portanto, a busca por eles se torna ineficaz. Diante disso, cabe ao gerente de projetos se preparar para lidar com mudanças e com suas implicações na reação de membros da equipe.

Hoje, espera-se que um gerente de projetos consiga conciliar as exigências por resultados com a gestão eficaz de pessoas, garantindo-lhes a autonomia necessária para realizar seu trabalho, ao mesmo tempo em que exige delas uma responsabilidade proporcional à autonomia recebida. O gerente deve ser flexível, pois habilidades diferentes são as mais significativas para obter sucesso, dependendo do cenário e das características de um grupo, como segmento, tamanho de equipe, tamanho de orçamento e prazo. Da mesma forma, momentos diversos também exigem habilidades distintas.

A busca do equilíbrio entre as competências técnicas e emocionais faz com que os gerentes de projetos enfrentem um dilema diariamente, contrapondo a criatividade e o aprendizado à ordem e ao controle. Segundo Humberto Mariotti (2004), ao lidar com pessoas deve-se perceber a unidade que existe na diversidade e vice-versa, assim como a sua posição no sistema. As percepções são aprendidas a partir das relações. Nesse caso, além do diálogo entre o líder e o liderado, é necessário interagir, conviver, trocar.

Recrutamento, Seleção e Treinamento de Pessoas Qualificadas   51

Quanto maior for o domínio sobre as habilidades, maiores serão as chances de sucesso do gerente e de obtenção do melhor desempenho em um processo de trabalho, entendendo as fases de um projeto como partes de um sistema. Conforme Mariotti, o importante é saber que é possível aprender. As competências para o gerenciamento devem ser trabalhadas no exercício diário e só terão efeito se significarem uma real intenção de relação por parte do gerente de projetos e dos técnicos.

Falando em equipe!

A capacidade de inovação e a gestão do conhecimento parecem ser habilidades relevantes ao gerente de projetos, porém referimo-nos aqui a sua atuação no coletivo, em equipe. Porter (1998) já destacava as empresas inovadoras como fundamentais no desenvolvimento econômico das nações mais competitivas, tanto em função de sua maior rentabilidade como devido à natureza dos empregos que geram, que demandam maior qualificação, obtendo em contrapartida melhor remuneração. Segundo Terra (1998), "a teoria organizacional e as necessidades impostas pelo ambiente têm evoluído no sentido de promover uma crescente participação da contribuição intelectual dos trabalhadores e uma gestão proativa da criatividade, da aprendizagem e do conhecimento".

Para Thamhain (1993), define-se formação de equipes por "um processo que agrega um conjunto de indivíduos com diferentes necessidades, habilidades e inteligências e transforma-os numa unidade de trabalho eficaz e integrada. Nesse processo de transformação, os objetivos e as energias individuais se misturam, dando suporte aos objetivos de equipe". Para tanto, gerente de projetos e equipes devem se orientar principalmente para: foco em resultados, planejamento e acompanhamento de prazos e custos, estabelecimento de especificações, gerenciamento de escopo e mudanças.

Para Verma (1995), enquanto os grupos são formados por membros independentes com participação parcial nas tarefas de forma individual, as equipes prezam a interdependência, com participação ativa e coletiva nas atividades de projetos. Nesse sentido, o desenvolvimento se dá por meio de um processo contínuo de gerenciamento, medindo seu desempenho ao longo do projeto. Segundo Grame (1999), para medir o desempenho de uma equipe é necessário considerar critérios mínimos. E algumas das características dessas equipes são: objetivos factíveis e claros; subprodutos intermediários (*deliverables*) bem definidos; conjunto de habilidades gerenciais e técnicas diferenciadas; nível de educação entre os

52 Inovação em Gestão de Projetos na Administração Pública

membros da equipe; uso de ferramentas adequadas para o trabalho; disciplina; coesão; liderança; estrutura apropriada; e habilidades para integração visando buscar resultados e se relacionar bem com os clientes.

Conclusão: será que é possível?

O perfil de um gerente de projetos varia de acordo com a vaga e com o segmento a que nos referimos, havendo em determinadas situações exigências mais fortes para um ou outro comportamento, habilidade ou atitude. Há um grupo de características indicado para a maioria dos profissionais e definido inclusive em referenciais teóricos. Porém, o que determina as possibilidades de sucesso à frente de um papel gerencial e da equipe é a proporcionalidade entre o nível de disponibilidade para correr riscos e tomar decisões assertivas e, ao mesmo tempo, colocar-se em uma posição de eterno aprendiz, inclusive a partir dos fracassos obtidos, com a finalidade de manter o equilíbrio entre competências técnicas e habilidades comportamentais. Afinal, como dizem os recrutadores em geral: "os profissionais são contratados pelo perfil técnico e demitidos pelo comportamental".

Referências bibliográficas

BENITEZ CODAS, M. M. Gerência de projetos – uma reflexão histórica. **Revista Administração de Empresas**, n. 27, p. 33-37, jan./mar. 1987.

MOREIRA, D. Todos querem esse gestor. **Revista Você S/A Mercado – gerente de projetos**, mar. 2013.

PROJECT MANAGEMENT INSTITUTE. **Um guia do conhecimento em gerenciamento e projetos:** Guia PMBOK®. 4 ed. Newton Square: PMI, 2009.

RABECHINI JR, R. *et. al.* Fatores críticos para implementação de gerenciamento por projetos: o caso de uma organização de pesquisa. **Revista Produção**, v. 12, n. 2, p. 28-41, 2002.

RABECHINI JR, R. *et. al.* Perfil das competências em equipes de projetos. **RAE – eletrônica**, v. 2, n. 1, jan./jun. 2003.

SEGGER MACRI RUSSO, R. de F. *et. al.* Liderança e influência nas fases da gestão de projetos. **Revista Produção**, v. 15, n. 3, p. 362-375, set./dez. 2005.

Capítulo 5. Comunicação do Escritório de Gerenciamento de Projetos

André Luiz Dametto

Introdução

Este artigo é embasado em pesquisas primária e secundária, utilizando um estudo de caso real de comunicação no gerenciamento de projetos e bibliografia referência no tema. Gerenciar projetos é acima de tudo gerenciar pessoas e suas expectativas. São elas que se beneficiam e também fazem a diferença entre um projeto ser bem-sucedido ou não. Segundo o *Project Management Institute* (PMI)[1], 90% do trabalho de um gerente de projetos deve estar ligado a atividades de comunicação, pois ela é a essência do relacionamento com os participantes do projeto. Paradoxalmente, segundo pesquisa realizada pela mesma instituição em 2008, a comunicação foi apontada como a principal deficiência dos gerentes de projetos. A ineficácia na comunicação contribui para impactos negativos em todas as outras áreas de conhecimento do projeto, como custos e prazos. Apesar de este fato já ser do conhecimento de muitos gestores, a comunicação continua sendo negligenciada no dia a dia dos projetos. Sendo assim, convidamos você leitor a ler atentamente este capítulo, que certamente contribuirá para o êxito do gerenciamento dos seus projetos.

Primeiramente são revisitados conceitos básicos fundamentais para a compreensão deste capítulo. Comunicação é um termo originário do latim *communicatio*, que é a ação de tornar algo comum entre aquele que emite a informação e aquele que a recebe[2]. Para isso, o emissor utiliza um ou mais canais (visual e auditivo, por exemplo) e um código (língua portuguesa, por exemplo). O retorno do receptor

---

[1] PROJECT MANAGEMENT INSTITUTE. A Guide to the Project Management Body of Knowledge: PMBOK Guide. Pennsylvania, USA: Project Management Institute, 2000.

[2] ARGYRIS, C.; BARTOLOMÉ, F.; ROGERS, C. Comunicação Eficaz na Empresa. Rio de Janeiro: HBR-Campus, 1999.

para o emissor inicial, confirmando ou não o entendimento da informação original, é conhecido como retroalimentação ou, mais popularmente, *feedback*. Em um projeto, há um fluxo inicial de informações do seu objetivo e escopo, e depois os *feedbacks* de resultados alcançados e necessidade de mudanças. As falhas existentes entre cada um dos elos deste processo são conhecidas como ruídos.

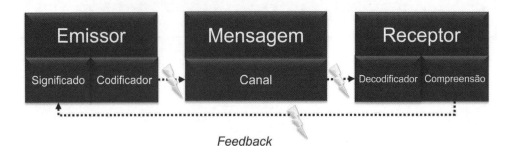

Figura 5.1. Processo de comunicação (Fonte: adaptado de SHANNON-WEAVER, C. F. The Mathematical Theory of Communication. p. 5 e 98. Urbana: University of Illinois Press, 1949).

Nos emissores, os ruídos são causados por diversos fatores, tais como: falta de clareza nas ideias na perspectiva do interlocutor, comunicação múltipla (por exemplo, as palavras dizem uma coisa e o corpo fala outra), problemas de codificação (por exemplo, pouca compreensão da língua utilizada), bloqueios emocionais e suposições acerca do receptor. Segundo Mehrabian (1967) *in* Mancilha (2002), a comunicação não verbal representa 55% do impacto da comunicação. Os receptores, por sua vez, também são fonte de ruído, causados por desinteresse, avaliação prematura, preocupação com a resposta, experiências traumáticas anteriores, preconceitos e estereótipos e deformação inconsciente da informação.

Melhorar a comunicação nos projetos começa com uma atitude individual de cada participante em reconhecer suas deficiências como emissor ou receptor de informações e desenvolver esta competência continuamente, independentemente de procedimentos de trabalho e planos de comunicação. Estas também são ferramentas importantes, mas que não servem de nada se não houver a atitude proativa dos envolvidos de se comunicarem melhor. Muitas pessoas acreditam que se comunicam bem simplesmente por considerar a comunicação um ato natural do ser humano. Entretanto, é necessária uma investigação mais atenta para o autor da comunicação verificar quando não é ele mesmo o causador de ruídos na comunicação.

Comunicação do Escritório de Gerenciamento de Projetos   55

Segundo o *Project Management Body of Knowledge* (Guia PMBOK®)[3], um guia com as melhores práticas em gerenciamento de projetos produzido pelo PMI, a responsabilidade pela gestão da comunicação em um projeto é do gerente do projeto. Entretanto, é impossível que ele gerencie diariamente todos os emissores, canais e receptores em todos os *stakeholders* do projeto e suas expectativas. É por isso que a comunicação emerge como uma área de conhecimento fundamental no gerenciamento de projetos, e este capítulo objetiva informar de forma lógica como você pode fazer a diferença na gestão de expectativas das pessoas envolvidas nos projetos que gerenciar. Esta é a primeira lição na comunicação: informe e esteja aberto para confirmar o entendimento da informação recebida.

Revisão bibliográfica

O Guia PMBOK® define o gerenciamento das comunicações do projeto como o conjunto de processos necessários para garantir a regular e apropriada geração, coleta, disseminação, armazenamento e descarte final das informações do projeto. Este gerenciamento compreende ao todo cinco processos: identificação dos *stakeholders*, planejamento das comunicações, distribuição das informações, gerenciamento das expectativas e relatórios de desempenho.

O problema das expectativas dos *stakeholders* é que muitas não são realistas e precisam ser alinhadas constantemente, a fim de evitar ruídos na comunicação. Já que não podemos evitar que expectativas existam, elas precisam ser gerenciadas. Segundo Hallows (1998), gerenciar expectativas não é simplesmente identificar o que o cliente quer, mas guiar o cliente de forma tal que ele espere por aquilo que você pode oferecer. As expectativas podem ser gerenciadas em cada uma das cinco fases do gerenciamento do projeto, como sintetiza a figura a seguir:

Fases	Iniciação	Planejamento	Execução	Controle	Encerramento
Ferramentas	Divulgação da carta do projeto	Plano de Comunicação (Quem, quando, como e o que informar)	Registros Relatórios Apresentações Distribuição de Informações	Relatório do desempenho Requisições de mudanças	Documentação do produto ou serviço entregue Relatório final para os *stakeholders*, com destaque para o comitê executivo e o cliente

Figura 5.2. Fases do gerenciamento do projeto x ferramentas de comunicação (Fonte: adaptado do PROJECT MANAGEMENT INSTITUTE. A Guide to the Project Management Body of Knowledge: PMBOK Guide. Pennsylvania, USA: Project Management Institute, 2000).

---

[3] PROJECT MANAGEMENT INSTITUTE. **A Guide to the Project Management Body of Knowledge:** PMBOK® Guide. Pennsylvania, USA: Project Management Institute, 2000.

56 Inovação em Gestão de Projetos na Administração Pública

Na **Iniciação**, a ferramenta Carta do Projeto alinha expectativas fundamentais dos *stakeholders*, tais como: objetivos superiores e específicos do projeto, escopo e não escopo, estimativa de custos e prazos, premissas e restrições, bem como a equipe envolvida e responsabilidades. Na fase do **Planejamento** a ferramenta Plano de Comunicação consolida os fluxos de comunicação necessários no projeto, definindo quem deve ser comunicado, em que momento, de que forma e sobre quais informações, conforme o exemplo a seguir:

Tabela 5.1. Exemplo de Plano de Comunicação em formato de tabela (Fonte: o autor).

Stakeholders	Nome do documento	Formato	Emissor	Quando
Gerente do Programa	Relatório de status mensal	E-mail	Diretor	Até o dia 5 de cada mês
Gerente do Programa n	Relatório de status quinzenal	Impresso	GG da área	De quinze em quinze dias
Gerente do Projeto n	Relatório de status semanal	Impresso	Coordenador da área	Toda sexta-feira às 17h
Líder do Subprojeto n	Relatório de status semanal	Impresso	Líder da área	Toda sexta-feira às 17h
Usuários	Relatório de status mensal	Intranet	Gerente do Projeto	Até o dia 10 de cada mês
Patrocinador	Relatório de status mensal	E-mail	Gerente do Projeto	Até o dia 15 de cada mês
Consultoria executante	Relatório de avaliação de prestação de serviços	E-mail	Gerente do Programa	Até o dia 5 de cada mês

Na fase de **Execução** são cumpridas as ações planejadas. Existem dois modos relevantes de comunicação: o modo rico é mais interativo e possibilita retorno para verificar o entendimento, tais como reuniões, entrevistas e videoconferências. Ele é recomendado quando a comunicação não é rotineira e/ou necessita de interação para solucionar um problema ou atingir um consenso. O modo pobre é menos interativo, tais como relatórios, memorandos e e-mails. Ele é recomendado quando a comunicação visa apenas divulgar informação ou fornecer documentação de referência ou para consulta.

Na fase de **Controle** as reuniões de acompanhamento dos projetos são utilizadas também para realinhar expectativas. Finalmente, na fase de **Encerramento** devem ser documentadas as entregas e lições aprendidas do projeto, contribuindo

Comunicação do Escritório de Gerenciamento de Projetos 57

para a gestão do conhecimento gerado. Segundo Minto (2002), uma maneira de aumentar a eficácia da sua comunicação da solução final de um projeto é o uso da Lógica da Pirâmide. Esta é uma técnica que coloca no topo da pirâmide a mensagem principal de uma comunicação, algo semelhante à manchete principal de um jornal, que quanto mais vendedora mais leitores irá atrair. Perceba que os jornalistas utilizam este recurso há bastante tempo. Nos níveis inferiores são colocados os argumentos primários e secundários.

A Lógica da Pirâmide é muito importante tanto para a resolução de problemas quanto para a comunicação desta resolução. Um erro recorrente é o fato de a maioria das pessoas utilizar a mesma sequência de raciocínio para resolver um problema e para comunicar esta resolução, quando na verdade o ideal seria utilizar lógicas opostas. Para resolver um problema, primeiro deve-se identificá-lo, posteriormente estratificá-lo, identificar as suas causas críticas e atacá-las com recomendações. Já para comunicar essa resolução com mais impacto, segundo esta autora, o ideal é que primeiro sejam apresentadas as recomendações finais (produtos ou soluções do projeto), para depois sustentá-las com argumentos, ou seja, as etapas do projeto, e finalmente, se necessário, os problemas originais que o demandaram. Perceba que, em um cenário de negócios cada vez mais acelerado, a atenção do interlocutor é muito mais voltada para discursos sobre resultado e protagonismo do que para aqueles que foquem no problema.

Outra dica é sempre avaliar se a comunicação está "MECE", ou seja, **mutuamente exclusiva e completamente exaustiva**. Isso implica que o conteúdo não possua repetições em seu teor. Por exemplo: "a sala é pequena e a sala tem apenas 5 m²" são informações que podiam ser agrupadas. Também significa que não falta informação relevante, por exemplo: "a sala é pequena, mas e a cozinha, o banheiro e os quartos?". Com isso, garante-se que o problema foi analisado e comunicado de forma prática, sem deixar de observar algum aspecto relevante.

Uma característica importante da comunicação é a sua capacidade de "emoldurar o conteúdo" de acordo com o propósito desejado. Mesmo uma má notícia pode ser contextualizada de forma que conduza o interlocutor à solução, evitando assim prejudicar o clima e o engajamento no projeto. Uma forma efetiva de emoldurar a comunicação para aumentar o seu impacto positivo é o uso do canal perceptual de preferência do receptor da comunicação, que pode ser mais visual, auditivo, sinestésico ou digital (MANCILHA, 2002). Outros fatores como regionalidade, hierarquia e formação do receptor também devem ser considerados na moldura.

58 Inovação em Gestão de Projetos na Administração Pública

Entretanto, mesmo quando a notícia a ser dada for ruim, existem algumas lições aprendidas, tais como:

► Quanto antes a má notícia tiver que ser dada melhor, pois permite que medidas corretivas sejam tomadas a tempo e o problema não piore ainda mais.

► Comunique sempre que possível, pessoalmente, todos os *stakeholders* que serão impactados ou que podem fazer a diferença na resolução do problema. E-mails e telefonemas podem gerar ruídos que só pioram a situação.

► Antes de apresentar a má notícia prepare pelo menos dois cenários de resolução do problema, a fim de ajudar os *stakeholders* a decidir com mais agilidade quais ações podem ser tomadas.

Independentemente da fase do gerenciamento do projeto, deverá ficar claro para o GP que a cada comunicação com os *stakeholders* ele tem a oportunidade de medir os níveis de expectativa que estão sendo colocados e assegurar se são realistas ou não, ajustando quando necessário.

Caso prático[4]

A fim de exemplificar a aplicação prática dos métodos e ferramentas apresentados neste capítulo, apresenta-se este caso de gerenciamento da comunicação de um projeto realizado em uma grande empresa mineradora multinacional e de origem brasileira. O objetivo superior do projeto era promover a excelência operacional na prestação de serviços de TI segundo o modelo de Centro de Serviços Compartilhados (CSC) da companhia, obtendo reconhecimento pela alta qualidade de atendimento ao cliente interno a custos competitivos. O objetivo específico era implementar o modelo de gestão da empresa na área responsável por serviços de TI na organização.

A fim de gerenciar a comunicação deste projeto, a primeira etapa cumprida foi identificar os seus *stakeholders*, dentre os quais se destacavam: os gestores da área responsável por TI, a equipe da área, a alta gerência do CSC, a área de Planejamento e Gestão do CSC, a TI Corporativa e os clientes internos atendidos pelo CSC. Este levantamento foi feito na elaboração da carta do projeto, na sua fase de iniciação. Em seguida foi elaborado um Plano de Comunicação do projeto, de forma simplificada e temporal, para ser facilmente compreendido por todos.

---

[4] Este caso é uma vivência prática do autor como consultor gerencial em uma organização.

Comunicação do Escritório de Gerenciamento de Projetos 59

Figura 5.3. Plano "lúdico" de comunicação do projeto (Fonte: o autor).

Em razão da facilidade de entendimento e da simplicidade de rotina de comunicação, a distribuição das informações transcorreu devidamente. As reuniões de alinhamento eram utilizadas para gerenciar as expectativas dos *stakeholders*, que sempre sofriam modificações em razão do tamanho da organização e das diversas especificidades técnicas da área de TI. O projeto transcorreu devidamente no prazo e custo esperados, e dentre os ganhos obtidos destacaram-se:

► Transferência de conceitos gerenciais sobre modelo de gestão (estratégia, projetos, processos).

► Incorporação da visão de processo nas equipes.

► Revisão do alinhamento estratégico da área de prestação de serviços de TI.

► Consolidação do modelo de gestão da área sob a ótica do modelo CSC.

► Fortalecimento da gestão do conhecimento da área através dos processos mapeados.

► Sistematização de várias formas de trabalho numa única.

► Definição clara de autoridades e responsabilidade.

► Melhor comunicação entre as funções.

Esses ganhos foram registrados no sistema de gestão do conhecimento da empresa, em um módulo de lições aprendidas dos projetos, servindo de base para projetos

60 Inovação em Gestão de Projetos na Administração Pública

futuros de implementação de modelo de gestão em outras áreas da organização. Para quem se interessar por literatura específica sobre comunicação empresarial aplicada a gerenciamento de projetos, recomenda-se a bibliografia a seguir.

Este capítulo teve como objetivo evidenciar a importância do processo de comunicação e suas ferramentas para o êxito do gerenciamento do projetos. Sendo a comunicação um processo de interação humana, é fundamental que ela seja orientada pela cultura do sistema em que o projeto está inserido. Por ser um processo, é importante que seja uma rotina que compreende as tradicionais etapas de planejamento, execução e avaliação. Finalmente, recomenda-se o equilíbrio nos esforços de comunicação: o excesso de informação e interação entre os *stakeholders* de um projeto pode ser tão prejudicial quanto a falta delas.

Referências bibliográficas

ARGYRIS, C.; BARTOLOMÉ, F.; ROGERS, C. **Comunicação Eficaz na Empresa**. Rio de Janeiro: HBR-Campus, 1999.

HALLOWS, J. **Information Systems Project Management.** New York: Amacom, 1998.

MANCILHA, J. **Manual de Programação Neolinguística.** Rio de Janeiro, INAP, 2002.

MINTO, B. **The Minto Pyramid Principle.** London: Minto International, 2002.

PRADO, D. **Gerenciamento de Projetos nas Organizações**. Nova Lima, EDG, 2004.

PROJECT MANAGEMENT INSTITUTE. **A Guide to the Project Management Body of Knowledge:** PMBOK Guide. Newton Square: Project Management Institute, 2000.

_____. **Estudo de Benchmarking em Gerenciamento de Projetos.** Chapters brasileiros, 2008.

RASIEL, E. **O Jeito Mckinsey de Ser.** São Paulo: Makron Books, 2003.

SCHEIN, E. **Psicologia Organizacional.** Rio de Janeiro: Prentice-Hall do Brasil, 1982.

SHANNON-WEAVER, C. F. **The Mathematical Theory of Communication.** Urbana: University of Illinois Press, 1949, p. 5 e 98.

STUKENBRUCK, L. C.; MARSHAL, D. **Team Building for Project Managers.** Newton Square: PMI, 1997.

VARGAS, R. V. **Gerenciamento de Projetos:** Estabelecendo diferenciais competitivos. 5 ed. Rio de Janeiro: Brasport, 2003.

ZELAZNY, G. **Say it with Presentations:** how to design and deliver successful business presentations. USA: McGraw Hill, 1999.

Capítulo 6. O Desempenho dos Projetos por Meio de Indicadores

Carlos Vital Giordano

Introdução

Gerenciar projetos passa a ser um processo imprescindível para as empresas focadas em bons resultados e voltadas ao sucesso na competitividade. A indispensabilidade do controle e da centralização inerentes aos conjuntos de projetos em andamento, por seu lado, assume papel de destaque nesse contexto. Daí a emergência dos Escritórios de Gerenciamento de Projetos (EGP) e sua atratividade como instrumento na busca por melhores fins aos esforços empreendidos em termos de entregas dos projetos. Essa direção não se resume somente ao apoio administrativo no tocante a cronogramas ou orçamentos, mas também ao controle e à monitorização do portfólio de projetos.

Assim, esperam-se procedimentos, formas e indicações confiáveis a respeito dos resultados alcançados, mesmo que estes não sejam aqueles desejáveis. A adoção de meios, preferencialmente simples, com esse intuito é ambicionado em termos de praticidade, inteligibilidade, facilidade de manuseio e clareza nas apresentações. Ao final deve-se obter um instrumento que demonstre, além dos resultados, as tendências integradas de todos os projetos em marcha (ou encerrados) na organização.

Revisão bibliográfica

Parte-se do princípio de que as empresas procuram medir os sucessos obtidos pelos seus projetos das mais variadas formas, valendo-se de visões tanto quantitativas quanto qualitativas. O objetivo é, em caso de necessidade, atuar devidamente para corrigir os eventuais desvios observados por meio de ações portadoras de recursos que irão emendar o ocorrido, permitindo a volta ao que se entende por normalidade (ou expectativa). Para esse trabalho recorre-se aos indicadores, que avocam para si o conteúdo temporal, representados por valores passados, valores presentes ou valores futuros.

Os indicadores são números, cores, imagens, símbolos ou outra forma de sinalização que apresentam a condição de determinada situação sob controle. Essa exposição, depois de compreendida, determina o caminho a seguir, sendo este de retificação, de reforço, de mudança ou de manutenção. É importante destacar, de acordo com Terribili Filho (2010), que a ação tomada não deve ter caráter efêmero, aquele não solucionador em definitivo do problema, atuando somente no sintoma – deve exercer seu poder de resolução na análise e eliminação da causa--raiz. Isso, por conseguinte, faz com que os novos valores mostrados no indicador, após os resultados das ações impetradas, se aproximem das expectativas ambicionadas (se isso não acontecer, as iniciativas estavam equivocadas).

Toma-se como exemplo os indicadores mostrados na Figura 6.1, referentes ao controle da porcentagem de tempo (cronograma) utilizada em três diferentes fases do projeto de construção do prédio Mar Azul, subprojeto hidráulica.

Figura 6.1. Indicadores – Hidráulica – % tempo – Condomínio Mar Azul (Fonte: o autor).

Em 01/01/20xx foram iniciadas ações corretivas para regularizar o valor +7,2% de tempo do subprojeto. Como se verifica no segundo indicador, as iniciativas surtiram efeito, porque em 01/03/20xx o indicador apresentava o valor +1,2%. As mesmas medidas foram reforçadas, alinhadas à implementação de ações retificadoras adicionais, fazendo com que, em 01/05/20xx, se obtivesse o valor -0,95% no indicador. Entende-se que as atuações realizadas atingiram o cerne do problema, mitigando-o e em seguida eliminando os fatores que colaboravam para o não cumprimento do desejado (tocou-se na causa-raiz). Uma preocupação a ser seguida se refere à determinação de valores esperados do indicador no momento em que as ações são iniciadas, fazendo com que se estabeleçam inferências sobre os valores aguardados. É de bom alvitre sempre que possível prescrever valores

O Desempenho dos Projetos por Meio de Indicadores   63

futuros pretendidos pelas ações evocadas; desta maneira trabalha-se com mais empenho e determinação.

Outro componente organizacional de impacto, e indispensável nesse processo, é a exposição do indicador e de seus valores no tempo a todos os interessados em sua consecução. Explora-se aqui a visualização do andamento do sucesso ou do insucesso do indicador, para que todos tenham ciência de sua evolução e, na medida do possível, intensifiquem seus esforços em prol da obtenção do valor almejado. Considerado um dos itens que não se pode deixar de atender, a comunicação às vezes é negligenciada pelos gestores, não sendo observados os planos de comunicação, as reuniões de progresso, as políticas de exposição dos resultados, as reuniões entre áreas para levantamento de sugestões e as reuniões executivas para eventuais modificações no escopo, cronograma e custos (se necessário).

Segundo a FUNDAP (2006), o monitoramento do indicador é item crucial para que o gestor se coloque a par da evolução da variável que se examina e, em virtude das ações perpetradas, verifique os resultados obtidos, visando uma melhor performance nas tomadas de decisões pertinentes.

Para um bom monitoramento se especifica claramente o destinatário do indicador, que, verificando os valores apresentados, subsidia suas atividades e decisões, configurando assim uma forma indireta de monitorar a realidade (já que o indicador inspecionado nada mais é do que a representação numérica de uma variável importante para um nível determinado de responsabilidade).

A elaboração de um sistema integrado de monitoramento segue, portanto, o desenvolvimento de um conjunto de indicadores de desempenho para cada um dos centros de responsabilidade (ou subprojetos), da fixação da periodicidade das atualizações, das fontes de informação, das rotinas de coleta de dados e de seus responsáveis diretos. Desta maneira, explica Newton (2011), o controle de um portfólio, de um programa ou de um projeto pede pelo menos um painel de controle, com variáveis diferentes, em função das especificações dos diferentes centros de controle.

Para o painel de controle, Terribili Filho (2010) apresenta como proposta a admissão de controles por meio de conjuntos de indicadores, separados por dimensões designadas como: custos (CPI – *Cost Performance Index*), prazos (SPI – *Schedule Performance Index*) e satisfação do patrocinador. Para efeito de ampliação dessa perspectiva acrescenta-se mais uma dimensão: a motivação das pessoas que realizam o projeto.

64 Inovação em Gestão de Projetos na Administração Pública

Na dimensão custo monitoram-se os valores atuais aplicados no projeto em comparação com o orçamento planejado; na outra dimensão, o prazo, verificam-se os tempos atuais em relação aos estabelecidos no planejamento; na satisfação do cliente, mede-se a aceitação do patrocinador no sentido do atendimento completo dos requisitos definidos; e, finalmente, na motivação da equipe acompanha-se o estado desse quesito durante a execução do projeto.

Outro componente de realce nesse contexto é o risco. Para Terribili Filho (2010), o risco é algo que pode ou não ocorrer – porém, se ocorrer trará impactos ao projeto no tocante a prazos, custos, qualidade ou outra dimensão. Carvalho e Rabechini Jr. (2009) mostram que os riscos podem ser administrados pelos já conhecidos conceitos de evitar, mitigar, transferir ou aceitar.

Por outro lado, atualmente as empresas precisam executar um fluxo contínuo de projetos estratégicos e altamente complexos, sendo o sucesso de cada um deles essencial para a empresa obter vantagem competitiva e/ou manter a competitividade. Segundo Padget (2012), para apoiar esses projetos estratégicos e seus gerentes de projeto, e para aumentar a probabilidade de êxito, é indispensável a criação de um EGP eficaz. Para apoiar e complementar essa iniciativa o estabelecimento de indicadores estratégicos integrados se faz decisivo.

Caso prático

A construtora e incorporadora Bella Morada atua há mais de vinte anos no mercado de imóveis. Seus empreendimentos atendem a todas as classes sociais e normalmente em um mesmo período estão sendo construídos e/ou vendidos pelo menos oito construções. Em meados do ano de 2003 os dirigentes entenderam que não era mais possível monitorar essa quantidade de negócios em realização sem a adoção de ferramentas adequadas de controle. Por essa época começou a ser implementada na empresa a gestão por projetos, ainda que de maneira isolada para cada empreendimento. Em 2009, percebendo as perdas inerentes à má gestão integrada de seus projetos, foi adotado o Escritório de Gerenciamento de Projetos, convergindo para essa área o apoio, a administração e o controle de todos os projetos em andamento na construtora.

Levando-se em consideração somente as quatro primeiras dimensões citadas, a Tabela 6.1 mostra um exemplo de painel de controle para a construtora.

O Desempenho dos Projetos por Meio de Indicadores 65

Tabela 6.1. Painel de controle geral dos projetos – Bella Morada – Abril de 2012 (Fonte: o autor).

Projeto	Custos	Prazos	Patrocinador	Equipe	Indicador
Prédio Vila Romana	VD	AM	AM	VD	AM
Shopping Mall	VD	VD	VM	AM	VM
Galpão Transp.	VD	VD	VD	AZ	VD
Prédio Village	AM	VD	VD	VD	AM
Mercado Cheap	AZ	AZ	AZ	VD	AZ
Edifício Rubi	VD	VM	VM	VD	VM
Complexo SDE01	VD	VD	VD	VD	VD
Prédio Green	VD	VD	AZ	AM	AM
Praça Música	AM	AZ	VD	VD	AM
Escola Maria Sá	AZ	VD	VD	VD	VD
Prédio Alvorada	VM	VM	VM	AM	VM
Indicador	VM	VM	VM	VM	VM

Legenda: AZ = azul = melhor que o esperado. VD = verde = dentro do esperado. AM = amarelo = fora do esperado, mas controlável. VM = vermelho = fora do esperado, sem controle. Apesar de o resultado final ser VM (vermelho), sinal de preocupações e início imediato de ações corretivas, inúmeros projetos (nas linhas horizontais) se apresentam com resultados satisfatórios (AZ e VD). Dessa maneira, com essa visualização, verifica-se individualmente e por dimensão cada um dos projetos controlados pelo EGP. Por trás de cada cor existe uma fórmula matemática/estatística que apura um valor segundo seus componentes formadores e, ao final, esse número é transformado em uma cor para melhor apreciação.

As cores poderiam, a critério do planejador do painel de controle, assumir números, siglas, símbolos ou mesmo indicadores analógicos ou digitais, conforme a preferência do elaborador e/ou dos gestores usuários do painel.

Além disso, cada projeto pode ser desmembrado em seus componentes formadores, conforme apresentado na Figura 6.2, para o prédio Vila Romana.

66 Inovação em Gestão de Projetos na Administração Pública

Figura 6.2. Dimensão Custos – Prédio Vila Romana (Fonte: o autor).

Nota-se a construção matemática/estatística de cada subfator da dimensão (hidráulica, elétrica e acabamento) no indicador mostrado. Isso se reproduz em cada dimensão (prazo, patrocinador e equipe) para a apuração da cor apresentada no painel de controle geral. O mesmo raciocínio vale para os outros empreendimentos relacionados nas linhas da Tabela 6.1.

Ressalta-se que, para o fator hidráulica da dimensão custo do prédio Vila Romana, é possível seu desmembramento em tubulação, ajustes, emendas, reparos ou outros subfatores de interesse.

Torna-se, assim, uma verdadeira rede de indicadores, partindo dos de menor nível até chegar aos de maior nível, ou mesmo atingindo o indicador geral da empresa. Todos devidamente calculados e transformados em visualizações de fácil compreensão para as inevitáveis tomadas de decisões necessárias.

Para sofisticação da Tabela 6.1, poderia ser acrescentada mais uma coluna – risco por exemplo – com seus valores e suas cores, ampliando mais ainda a representatividade do painel para o gestor e seus colaboradores (ver Tabela 6.2).

Tabela 6.2. Painel de controle geral dos projetos – Bella Morada – Galpão Transp (Fonte: o autor).

Projeto	Custos	Prazos	Patrocinador	Equipe	Risco	Indicador
Galpão Transp.	VD	VD	VD	AZ	VM	VM

É inegável a dificuldade no acompanhamento de vários projetos quando executados ao mesmo tempo, bem como a implementação com sucesso de um EGP.

O Desempenho dos Projetos por Meio de Indicadores   67

De uma maneira geral, a inclusão de controles por indicadores permite determinadas facilidades para amenizar e tornar mais fácil, ou mesmo mitigar (quem sabe até excluir), as dificuldades relatadas anteriormente.

Além disso, um painel de controle composto de diversos níveis aprimora a gestão de projetos, coadjuva as decisões importantes tomadas pelos gestores e complementa inteligentemente o complexo mundo da gestão de projetos.

Referências bibliográficas

CARVALHO, M. M.; RUBECHINI JR., R. **Construindo competências para gerenciar projetos.** São Paulo: Atlas, 2009.

FUNDAP. Indicadores para monitoramento de programas e projetos. **Educação à distância**, 2006. Disponível em: <http://www.fundap.sp.gov.br/debates-fundap/pdf/Gestao_de_Poi%C3%ADticas_Publicas/INDICADORES_PARA_MONITORAMENTO_DE_PROGRAMAS_E_PROJETOS.pdf>. Acesso em: jun. 2013.

NEWTON, R. **O gestor de projetos**. São Paulo: Pearson, 2011.

PADGETT, C. M. **Método de sucesso em projetos**. São Paulo: DVS, 2012.

TERRIBILI FILHO, A. **Indicadores de gerenciamento de projetos**. São Paulo: M. Books, 2010.

Capítulo 7. Administração de Conflitos na Gestão de *Stakeholders*

Antônio Cesar Migliorati
Janaina Ribeiro
Simone Assis Mendonça

Introdução

Por tratar-se de um tema fascinante e ao mesmo tempo ser um dos tópicos mais importantes para a obtenção do sucesso de um projeto, a administração de conflitos na gestão dos *stakeholders* deve ser vista como um dos principais tópicos pelo gerente de projeto, que deve lidar de forma clara e objetiva utilizando-se de sua experiência e observação.

A existência de uma liderança efetiva e legítima potencializa a probabilidade da obtenção da taxa de sucesso dos projetos, portanto a escolha do gerente precisa ser realizada de forma criteriosa, observando o perfil adequado para cada projeto assim como a equipe a ser alocada.

Vale ressaltar que a capacidade de liderança deve ser desenvolvida sempre por meio da prática e conquistada diante da equipe de forma natural, dando, com isso, legitimidade à escolha do gerente de projeto.

A administração de conflitos está diretamente relacionada à habilidade do gerente de projeto de prever situações conflituosas, identificando suas origens e atuando no sentido de impedir que ocorra um desenrolar de fatos contraditórios, buscando soluções que atendam às partes envolvidas no conflito. O ideal é que o enfoque seja o da solução, atuando de forma positiva e buscando o equilíbrio no resultado entre as partes, visto que é fundamental para a conservação do estado de confiança da equipe e a manutenção dos objetivos do projeto.

Dependendo das circunstâncias, o gerente de projeto pode transformar situações conflituosas em fontes de amadurecimento e crescimento para a organização, transformando soluções em oportunidades de crescimento às partes envolvidas.

70 Inovação em Gestão de Projetos na Administração Pública ══════════

Segundo Chiavenato (1999), o conflito constitui o meio interno de uma organização, a atmosfera psicológica, característica em cada organização.

Desta forma, proporcionar um ambiente organizacional agradável, incentivando a competitividade alinhada à criatividade, pode oferecer aos colaboradores a oportunidade de desenvolverem suas tarefas em um ambiente sadio, inibindo a geração de conflitos desnecessários.

Identificar os possíveis focos de conflitos por meio do mapeamento dos *stakeholders* de um projeto nem sempre é uma tarefa fácil para o gerente de projeto, principalmente em situações que envolvam *stakeholders* com interesses e culturas diferentes, pressionados por um cronograma apertado, com limitações orçamentárias e/ou em processo de fusões organizacionais.

Mapear os *stakeholders*, classificando-os de acordo com o interesse no projeto, é fundamental, porém não é fator que impeça a ocorrência de conflitos. A definição clara das atribuições e responsabilidades de cada um, alinhada à capacidade de compreender a importância de cada parte para o sucesso de um todo, é de extrema importância; contudo, não é difícil encontrarmos situações de conflitos geradas por uma "guerra" de egos, sem levar em consideração que o sucesso do projeto é da organização e não de um departamento ou de seu comandante.

Destarte, é importante que entendamos que o comportamento de um *stakeholder* está relacionado a vários fatores, o que torna a tarefa de entendê-lo e gerenciar as suas expectativas uma das atividades mais árduas e ao mesmo tempo mais fascinantes.

Administração de conflitos na gestão de *stakeholders*

Segundo o Guia PMBOK®, *stakeholder* é qualquer organização ou indivíduo efetivamente envolvido no projeto ou que possam ter os seus interesses afetados de forma positiva ou negativa na execução ou conclusão do projeto.

Ainda no Guia PMBOK®, "um gerenciamento de conflitos bem-sucedido resulta em maior produtividade e relações de trabalho positivas". As normas básicas da equipe, de grupo e práticas de gerenciamento de projetos reduzem a quantidade de conflitos. O conflito deverá ser tratado no início e geralmente em particular, usando uma abordagem assertiva e colaborativa. O conflito, sendo identificado como prejudicial ao projeto, deve ser tratado de forma clara e direta, objetivando uma rápida resolução, sem deixar de utilizar medidas disciplinares apropriadas a cada situação.

Administração de Conflitos na Gestão de *Stakeholders* 71

Tratar os *stakeholders* como parceiros, envolvê-los na tomada de decisões e manter os canais de comunicação abertos são técnicas importantes para fomentar um espírito de cooperação e cumplicidade durante o projeto.

Para alcançarmos os resultados esperados em um projeto, não basta suprir as exigências do cliente – faz-se necessário um olhar atento a todas as expectativas das partes interessadas, tarefa que pode tornar-se difícil, particularmente se ocorrerem *change requests* que possam influenciar consideravelmente a execução do projeto.

Portanto, é fundamental que os gerentes de projeto saibam exatamente desde o início quem são os participantes e o que eles querem (VERZUH, 2000, p. 62).

O fracasso de muitos projetos resulta de conflitos existentes entre os envolvidos. De acordo com um estudo realizado pela *American Management Association*, um gerente de projetos gasta em média 20% de seu tempo administrando um conflito durante a execução de projeto. Isso nos mostra que o gerente de projeto deve ter uma habilidade peculiar para identificar o conflito e solucioná-lo, ou ao menos minimizá-lo.

A identificação de um *stakeholder* demanda a utilização de uma técnica e ferramenta, levando em consideração o poder e o interesse dessa pessoa no projeto. Faz-se necessário identificar que influência esse *stakeholder* pode exercer durante o andamento do projeto, o que pode torná-lo uma ameaça ou um elemento que venha a contribuir com a organização, fato que pode atingir diretamente o projeto. Uma das técnicas utilizadas para administrar conflitos é a identificação das expectativas das partes interessadas, com o objetivo de atendê-las, mas sem tirar o foco no ponto primordial, que é garantir a taxa de sucesso do projeto.

Uma das ferramentas para identificar os fatores que influenciam a organização é a classificação dos *stakeholders* em potenciais ameaças ou contribuições à organização.

Nesta linha, têm-se quatro classes de *stakeholders*, segundo Savage *et al.* (1991):

▶ ***Stakeholders* dispostos a apoiar:** possuem baixo potencial em ameaçar e alto potencial em cooperar.

▶ ***Stakeholders* marginais:** não são nem altamente ameaçadores nem especialmente cooperadores.

▶ ***Stakeholders* indispostos a cooperar:** possuem alto potencial de ameaça, mas baixo potencial em cooperação.

▶ ***Stakeholders* ambíguos:** têm alto potencial em ameaçar, assim como em cooperar.

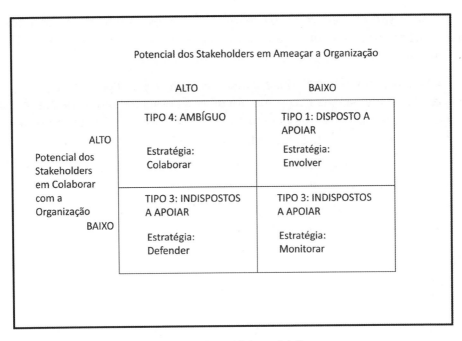

Figura 7.1. Potencial dos *stakeholders*.

Mitchell *et al.* (1997) sugere que a interferência dos *stakeholders* em um projeto se dá por mediação de três atributos: poder, legitimidade e urgência. A combinação desses atributos gera sete tipos diferentes de *stakeholders*:

▶ *Stakeholder* **adormecido:** tem poder para impor sua vontade na organização, porém não tem legitimidade ou urgência, e assim seu poder fica em desuso, tendo pouca ou nenhuma interação com a empresa. A empresa deve conhecer esse *stakeholder* para monitorar seu potencial em conseguir um segundo atributo.

▶ *Stakeholder* **arbitrário:** possui legitimidade, mas não tem poder de influenciar a empresa nem alega urgência. A atenção que deve ser dada a esta parte interessada diz respeito à responsabilidade social corporativa, pois tende a ser mais receptiva.

▶ *Stakeholder* **reivindicador:** quando o atributo mais importante na administração do *stakeholder* for urgência, ele é reivindicador. Sem poder e sem legitimidade, não deve atrapalhar tanto a empresa; porém deve ser monitorado quanto ao potencial de obter um segundo atributo.

▶ *Stakeholder* **dominante:** tem sua influência na empresa assegurada pelo poder e pela legitimidade. Espera e recebe muita atenção da empresa.

Administração de Conflitos na Gestão de *Stakeholders* 73

▶ *Stakeholder* **perigoso:** quando há poder e urgência, porém não existe a legitimidade, o que existe é um *stakeholder* coercitivo e possivelmente violento para a organização, o que pode ser um perigo.

▶ *Stakeholder* **dependente:** tem alegações com urgência e legitimidade, porém depende do poder de outro *stakeholder* para ver suas reivindicações sendo levadas em consideração.

▶ *Stakeholder* **definitivo:** quando possui poder e legitimidade, já praticamente se configura como definitivo. Quando, além disso, alega urgência, deve-se dar atenção imediata e priorizada a este *stakeholder*.

De acordo com Gillen (2001), são identificados quatro tipos de comportamento:

▶ **Passivo:** é o indivíduo que procura evitar o conflito, mesmo que sofra com isso; via de regra, apresenta voz hesitante, atitude defensiva, contato visual mínimo e geralmente é uma pessoa quieta.

▶ **Agressivo:** é o indivíduo que aspira fervorosamente vencer, mesmo à custa de outras pessoas. Tende a ser individualista, uma vez que está mais interessado nos próprios desejos do que nos dos outros. Tal comportamento apresenta voz alta e máximo contato.

▶ **Passivo/agressivo:** é o indivíduo que apresenta um comportamento misto. São as pessoas que desejam se firmar, porém não possuem estrutura para tanto. Este comportamento apresenta muita irritação, postura fechada, pessoa lacônica.

▶ **Assertivo:** é o indivíduo que aspira a defender seus direitos, bem como aceita que as outras pessoas também os tenham. Este comportamento apresenta tom de voz moderado. As pessoas deste tipo de comportamento são neutras e possuem uma postura de prudência e segurança.

Cabe ao gerente de projetos identificar o tipo de comportamento de cada *stakeholder* envolvido e a real causa da geração do conflito antes de optar por uma determinada posição.

Deve-se ressaltar a importância de entendermos que o comportamento apresentado pelo indivíduo nada mais é que o resultado da somatória de vários fatores pessoais, como: medos, emoções vivenciadas, crenças, culturas, preocupações, autoestima, experiências adquiridas, tanto no âmbito pessoal como corporativo, no transcorrer de sua existência. Além da identificação do *stakeholder*, faz-se necessário analisar a situação de conflito e buscar a melhor forma de administrá-lo.

74 Inovação em Gestão de Projetos na Administração Pública

Ademais, devemos entender as causas desse conflito e como o projeto poderá ser afetado pelos seus possíveis resultados, assim como os métodos para lidar com esses conflitos de modo a diminuir, ou mesmo prevenir, os seus impactos negativos.

Para Gramigna (2007), nesse momento o gerente de projeto só tem uma alternativa: enfrentar o problema, assumir o papel de educador e procurar realinhar a equipe. Já Blake e Mouton, também citados por Verma (1996), apresentam seis técnicas para resolução de conflitos:

► **Retirar-se temporariamente:** ausentar-se temporariamente de uma situação de conflito.

► **Mudar o foco:** dar ênfase às áreas de concordância em prejuízo às diferenças.

► **Empregar a força:** focar o ponto de vista independentemente dos outros.

► **Firmar um compromisso:** procurar uma troca que traga vantagem para os dois lados.

► **Solucionar problema:** lidar com o conflito utilizando atitude proativa e diálogo aberto.

► **Negociar:** reunir os vários pontos de vista, conduzindo a um consenso com as partes e compromisso.

Dentre as técnicas mencionadas, podemos destacar a negociação, que é o meio pelo qual as pessoas lidam com suas diferenças e tentam fazer um acordo mediante concessões mútuas, trazendo um efeito a longo prazo. O processo de negociação é uma ótima técnica para resolver conflitos, mas faz-se necessário ser cauteloso, pois, se mal conduzida, pode gerar um desacordo.

O ideal é que essa negociação produza um acordo sensato, atendendo, na medida do possível, aos interesses legítimos de cada parte envolvida, não prejudicando o relacionamento entre as partes. Cabe ressaltar que é necessário que os *stakeholders* estejam interessados em chegar a um acordo, para que o resultado seja um resultado negociado.

Caso os conflitos não sejam gerenciados adequadamente, eles podem ser destrutíveis e prejudiciais ao desempenho do projeto, o que pode diminuir a moral, a produtividade da equipe e dificultar o processo de tomada de decisão, tornando-o mais longo, complexo e difícil (VERMA,1996).

Níveis de gravidade do conflito

Conflitos podem ser entendidos como situações de incompatibilidade no mínimo entre duas ou mais pessoas, podendo ocorrer em qualquer atividade ou relação humana.

Objetivando alcançar um resultado satisfatório no gerenciamento de conflitos, é importante que ocorra o mapeamento de possíveis fatores que posam contribuir para o aparecimento de situações conflitantes, ou até mesmo a causa-raiz de conflitos já existentes entre as partes interessadas do projeto.

Segundo Chiavenato (1999), pode-se classificar o nível de gravidade de um conflito de três formas:

▶ **Conflito percebido ou latente:** ocorre quando existem vários objetivos e há possibilidade de ocorrer qualquer tipo de interferência ou mesmo bloqueio de objetivos por parte dos indivíduos.

▶ **Conflito experienciado ou velado:** ocorre quando os indivíduos que se encontram envolvidos apresentam sentimentos de hostilidade, raiva, medo e descrédito, porém não o manifestam de forma clara e objetiva.

▶ **Conflito manifestado ou aberto:** quando os indivíduos manifestam o conflito sem que exista nada que encubra.

Ainda de acordo com Chiavenato (1999), os conflitos organizacionais podem ser administrados utilizando-se um dos seguintes estilos:

▶ **Estilo de evitação:** consiste na escapatória do conflito. Utiliza-se quando o problema é trivial, quando não há perspectiva do indivíduo ou grupo ganhar o conflito ou mesmo quando o conflito pode ser desvantajoso.

▶ **Estilo de acomodação:** quando se resolvem os pontos de menor discordância e se deixam os problemas maiores para depois.

▶ **Estilo competitivo:** é utilizado quando se torna necessário tomar uma decisão de forma rápida ou uma decisão impopular. Verifica-se a presença de uma atitude autoritária por parte do indivíduo.

▶ **Estilo de compromisso:** utiliza-se quando os indivíduos envolvidos aceitam perdas e ganhos para todos os envolvidos.

▶ **Estilo de colaboração:** é utilizado numa situação ganho/ganho, visto que os interesses dos indivíduos envolvidos podem ser reunidos numa solução mais ampla.

76 Inovação em Gestão de Projetos na Administração Pública

A ideia primordial, com vistas à procura da solução ideal, é a resolução dos objetivos conflituosos, ou seja, a resolução de um problema envolve normalmente dois objetivos que estão a princípio em conflito, estando quase que na sua maioria envolvendo interesses dos *stakeholders*.

Conforme já mencionado, conflito em projeto pode ser motivado por uma gama de diferentes fatores – disputa, desacordo ou desentendimento entre duas ou mais partes interessadas.

Solucionar ou gerenciar conflitos é compreender que as situações conflitantes podem ser proveitosas e benéficas para o projeto e ter a percepção de quando essas situações podem ser tratadas de forma pontual, sem que traga nenhum ganho ou prejuízo ao projeto.

Segundo Verma (1996), para gerenciar conflitos não basta ter conhecimento sobre técnicas e métodos – é necessário desenvolver certas competências técnicas, tais como habilidades de comunicação e competências interpessoais, como saber ouvir e questionar, que são de extrema importância.

Alguns itens devem ser levados em consideração pelo gerente de projetos, como estimular o diálogo entre as partes envolvidas, fazer com que todos os pontos de vista sejam considerados e tomar conhecimento das necessidades dos indivíduos e da equipe, levando em conta as diferenças.

Dentre os fatores com os quais as organizações se preocupam estão os riscos culturais, que podem ser verificados em projetos corporativos e que influenciam no surgimento e agravamento de conflitos. Motivar os membros da equipe, fazendo com que cada colaborador se sinta parte importante no processo, pode proporcionar sugestões de alternativas para a solução de conflitos. Uma das responsabilidades do gerente de projetos é manter a equipe atenta e aberta ao desenvolvimento, ao livre diálogo, à criatividade e à iniciativa, sempre com o foco nos resultados esperados para o projeto.

Considerações finais

É importante frisar que os procedimentos mencionados neste capítulo são apenas alguns exemplos de métodos ou ferramentas utilizados para a administração de conflitos.

Com base no Guia PMBOK 5ª edição, que dedica especial atenção ao gerenciamento dos *stakeholders*, fica claro que o gerenciamento das partes interessadas vai muito além de criar um canal de comunicação eficiente – explicita a necessidade de mapeá-las de forma correta, mostrando a necessidade de elaborar maneiras distintas de envolvê-las no projeto, gerenciando suas expectativas e cuidando para que haja um bom relacionamento entre a equipe do projeto e as partes interessadas, sempre focando nas respectivas necessidades, tendo como meta principal alcançar os objetivos do projeto.

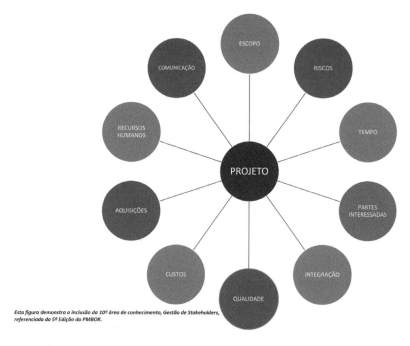

Figura 7.2. Inclusão da décima área de conhecimento (Gerenciamento de *Stakeholders*) (Fonte: Guia PMBOK 5ª edição).

Podemos concluir que existem algumas formas de solucionar o conflito, mas, sendo este um fator inerente ao ser humano, para que não venha a interferir na execução do projeto é necessário que o gerente de projeto tenha uma especial atenção às relações humanas. A distância cultural não pode se transformar em um fator de insucesso para os projetos, pois esta divergência entre as pessoas sempre existirá e deverá sempre ser levada em consideração no gerenciamento de conflitos.

Referências bibliográficas

BEE, R. **Feedback.** São Paulo: Nobel, 2000.

CHIAVENATO, I. **Introdução à Teoria Geral da Administração.** São Paulo: Makron Books, 1999.

CLELAND, D. I.; IRELAND, L. R. **Gerência de Projetos.** Rio de Janeiro: Reichmann & Affonso Editores, 2002.

DINSMORE, P. C. **The AMA Handbook of Project Management.** Nova York: AMACOM Books, 1993.

HARDINGHAM, A. **Trabalho em equipe.** São Paulo: Nobel, 2000.

KERZNER, H. **Gestão de Projetos:** as melhores práticas. Porto Alegre: Bookman, 2006.

MAITLAND, I. **Como motivar pessoas.** São Paulo: Nobel, 2000.

MEGGINSON, L. C.; MOSLEY, D. C.; PIETRI JR, P. H. **Administração:** conceitos e aplicações. São Paulo: Harbra, 1986.

PROJECT MANAGEMENT INSTITUTE. **Um guia do Conjunto de Conhecimentos em Gerenciamento de Projetos:** guia PMBOK. 4 ed. Newton Square: PMI, 2009.

RATNER, C. **A Psicologia Sócio-Histórica de Vygotsky:** aplicações contemporâneas. Porto Alegre: Artes Médicas, 1995.

ROBBINS, S. P. **A Verdade Sobre Gerenciar Pessoas.** São Paulo: Prentice Hall, 2003.

ROBBINS, S. P.; COULTER, M. **Management.** Livingston: Prentice-Hall, 2007.

VERMA, V. K. **Human Resource Skills for Project Manager.** Newton Square: PMI, 1996.

WAGNER, J. A.; HOLLENBECK, J. R. **Comportamento organizacional:** criando vantagem competitiva. São Paulo: Saraiva, 2002.

Capítulo 8. A Aplicação do Ciclo de Conversão do Conhecimento na Gestão de Projetos

Ana Paula Goes Hees
Rose Longo

Gestão do conhecimento e da complexidade

Nos tempos atuais, em que os desafios são constantes e a velocidade da mudança atinge proporções imensas, o conhecimento passa a ser considerado o grande diferencial competitivo das organizações que pretendem ter longevidade e sucesso. Nesse contexto, o conhecimento é o fator de produção mais importante na economia da informação e reside essencialmente nas mentes dos trabalhadores. Essa é uma mudança dramática na forma de pensar da maioria dos modelos econômicos.

A gestão estratégica do conhecimento é uma filosofia gerencial que procura organizar o conhecimento residente na mente das pessoas, de modo a transformá-lo em vantagem estratégica e competitiva para as organizações. A gestão do conhecimento surge para gerenciar o capital intelectual, ou seja, o conhecimento que está na mente das pessoas e suas experiências, com o objetivo de criar vantagem competitiva para a organização.

Antes, porém, de falar em competitividade empresarial, torna-se imprescindível pensar se a organização oferece condições para que o conhecimento seja criado em suas dependências. A criação do conhecimento se dá em empresas onde o ambiente é propício e oferece as condições necessárias para que o aprendizado individual e organizacional ocorra. Nesse sentido, entende-se por criação do conhecimento em uma organização a capacidade que ela tem de criar novos métodos, processos e inovações, disseminá-los nas diversas instâncias organizacionais e incorporá-los aos demais produtos, serviços e sistemas.

Para as organizações, o aprendizado organizacional é fonte sustentável de vantagem competitiva (o aprender mais rápido e melhor do que os concorrentes),

80 Inovação em Gestão de Projetos na Administração Pública

pois acredita-se que o verdadeiro diferencial entre as organizações são as pessoas que a constituem. As pessoas são únicas, com seus paradigmas, objetivos, habilidades, formas de enxergar, pensar, falar e agir. Essas características influenciam suas ações que repercutem diretamente no sistema em que estão inseridas, ou seja, na sociedade, nas relações sociais, na organização.

A ideia da organização que aprende é uma visão. Ela incorpora um tipo de ideal ao qual muitos aspiram. As pessoas nas organizações aprendem quando percebem que os ensinamentos têm significado no contexto do trabalho ou de suas vidas. Um uso prático. Uma maneira simples de dizer isso é: todo aprendizado acontece quando os aprendizes aprendem o que faz sentido para eles (SENGE, 2009).

O gerenciamento do conhecimento é uma questão de bom senso. Em uma época em que a informação digital está cada vez mais amplamente disponível – e, ao mesmo tempo, personalizada e portátil –, o conhecimento representa um recurso que pode ser um importante ativo, além de um constante desafio para a empresa.

A era do conhecimento exige das organizações novas capacidades para assegurar o sucesso competitivo num cenário complexo. Para isso, a capacidade de mobilização e exploração dos ativos intangíveis – conhecimento – tornou-se muito mais decisiva do que investir e gerenciar ativos físicos tangíveis. Essa mudança de prioridade possibilita às organizações um melhor desenvolvimento de relacionamentos que conservem a fidelidade dos clientes, permitindo que novos segmentos de clientes e mercados sejam atendidos. Colabora para a produção de bens e serviços customizados de alta qualidade e preços competitivos. Mobiliza as habilidades e a motivação dos colaboradores para a melhoria contínua de processos, qualidade e tempo de resposta e a utilização de tecnologia da informação, bancos de dados e sistemas (KAPLAN e NORTON, 1997).

Durante a crise de 2008, ficou nítido o fato de pessoas e organizações lidarem muito mal com os paradoxos, pois muitos enfrentaram a retração, o recolhimento e a perda com desespero e ansiedade. Numa época em que o sucesso e o crescimento das organizações são frágeis e incertos, num tempo onde o diferencial competitivo é definido por aspectos intangíveis, num momento onde a sociedade, também com base no conhecimento, não está disposta a aceitar qualquer coisa, habilitar as pessoas para serem capazes de compreender, esclarecer e lidar com situações complexas, pensar e agir estrategicamente, assumir uma postura colaborativa e de compartilhamento do conhecimento, torna-se fundamental para as organizações darem respostas quase que imediatas a um mercado cada

A Aplicação do Ciclo de Conversão do Conhecimento... 81

vez mais complexo e competitivo. "O conceito da dialética reforça a ideia que as organizações podem evoluir abraçando os paradoxos e os opostos, ampliando sua visão para saírem fortalecidas de situações ambíguas e complexas" (TAKEUCHI e NONAKA, 2008, p. 21).

A visão de mundo da maioria das pessoas e organizações indica uma maneira enganosa de pensar sistemas de forma mecanicista. "Enquanto uma máquina quando quebrada é trocada uma peça e ela volta a funcionar, um sistema vivo cria-se a si mesmo" (SENGE, SCHARMER, JAWORSKI e FLOWERS, 2004).

Um cenário complexo se caracteriza por situações invisíveis, subjetivas e imprevisíveis que interagem com aspectos objetivos e materiais, mas que não conseguimos enxergar uma conexão entre eles. Um exemplo trazido por Edgar Morin é o da economia como ciência humana, que privilegia o cálculo e ignora os aspectos humanos como sentimentos, desejos e medo. Veja os inúmeros sentimentos e emoções que a queda na bolsa de valores é capaz de gerar. Segundo Morin (2000), é preciso ter uma visão capaz de situar o conjunto, uma visão mais integral, capaz de contextualizar dados, informações e conhecimento.

Essa visão de mundo, necessária para sobreviver num ambiente complexo, é bem colocada no livro "Presença" (SENGE, SCHARMER, JAWORSKI e FLOWERS, 2004), onde os autores afirmam que "há sempre muito mais do que vemos". Ao comprarmos uma mesa ou mesmo quando realizamos uma refeição, também existe ali um esforço, um produtor, operários, uma fábrica, uma árvore, um transportador, água e solo. Todas as coisas materiais produzidas pelo humano seguem igualmente este princípio. Mas a visão de mundo limitada não permite perceber e compreender a amplitude das coisas. Para ampliar a percepção das coisas, indo além do que parecem, é necessário refinar a atenção. De fato, a compreensão de algo não vem somente da percepção, mas da qualidade de atenção que imprimimos no objeto que pretendemos compreender e conhecer.

Sistemas complexos são definidos por sua baixa precisão e pelo alto nível de incerteza e de criatividade. O ambiente complexo gera uma profunda ansiedade nos indivíduos e nas organizações. No contexto da complexidade os especialistas não podem prever com exatidão a evolução de um sistema; os planos raramente funcionam de acordo com as expectativas, e os métodos para solução de problemas não são suficientes.

Hoje em dia vivemos momentos bastante turbulentos. Quanto mais turbulentos os tempos, e mais complexo o mundo, mais paradoxos existem. No entanto, as organizações e as pessoas bem-sucedidas não estão apenas enfrentando o

82 Inovação em Gestão de Projetos na Administração Pública

paradoxo, mas tirando vantagem dele. F. Scott Fitzgerald mencionou que "o teste de uma inteligência diferenciada é a capacidade de manter duas ideias opostas em mente, ao mesmo tempo, e ainda manter a capacidade de funcionar". Uma inteligência diferenciada reconhece que a vida é formada de opostos (masculino e feminino, vida e morte, sístole e diástole, inspiração e expiração, calor e frio, vida profissional e vida pessoal). Isso representa o ritmo da própria vida – e, sendo uma organização uma entidade viva, ela naturalmente está exposta a esse paradoxo (LEGAL, CRUZ e SANTOS, 2011).

Scharmer *et al.* (2004) acredita que o aprendizado e a resposta à turbulência e aos paradoxos virão da conexão com as fontes do conhecimento, ainda não corporificados (tácitos) e que refletem o que Nonaka e Takeuchi (1997) chamam de sabedoria prática. Para superar o paradoxo é necessário sabedoria. A inovação das organizações depende de conhecimentos emergentes que ainda deverão ser construídos para dar conta das demandas do futuro. Isso significa liderar a partir do futuro emergente e exige dos líderes uma habilidade de observação mais atenta, aberta, generosa e precisa dos cenários; maior abertura e integração da mente, do coração e da vontade e explorar o futuro com protótipos construídos coletivamente que possibilitem rapidamente resultados práticos.

Com a inovação tornando-se o único fator capaz de atuar como verdadeiro diferencial competitivo, ficou praticamente impossível proteger o patrimônio de uma organização sem gerenciar também seu conhecimento. A informação, dentro das empresas, passa a ser considerada um empreendimento que agrega valor e riqueza.

O ciclo de conversão do conhecimento

Para Choo (2006), a empresa possui três tipos de conhecimentos – tácito, explícito e cultural. Conhecimento tácito está contido na experiência de indivíduos e grupos; conhecimento explícito está codificado em normas, rotinas e procedimentos da organização; e conhecimento cultural, expresso nas crenças, normas e pressupostos usados para dar valor e importância a novos conhecimentos e informações. "Novos conhecimentos são criados pela conversão do conhecimento, pela construção do conhecimento e pela conexão do conhecimento" (CHOO, 2006, p. 22).

O ativo intangível – conhecimento tácito – é visto como a verdadeira chave para resolver os problemas das organizações. O conhecimento tácito e o conhecimento explícito não são entidades separadas, e sim complementares.

A Aplicação do Ciclo de Conversão do Conhecimento... 83

Segundo Nonaka e Takeuchi (1997), o modelo dinâmico de criação do conhecimento parte do pressuposto de que o conhecimento humano é criado e expandido por meio da interação social entre o conhecimento tácito e o conhecimento explícito.

A integração desses tipos de conhecimentos é um grande desafio para qualquer organização. Assumindo que o conhecimento está na mente das pessoas, como estimular o compartilhamento desses conhecimentos, explicitando-os e gerando valor agregado para a corporação? Nonaka e Takeuchi (1997) defendem um ciclo de conversão entre conhecimentos tácitos e explícitos em uma interação dinâmica e espiralada.

Vejamos agora as quatro formas de conversão do conhecimento.

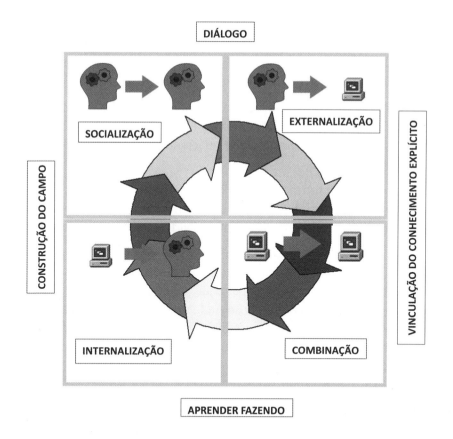

Figura 8.1. Espiral do conhecimento (Fonte: Adaptado de TAKEUCHI e NONAKA, 2008, p. 69).

84 Inovação em Gestão de Projetos na Administração Pública

▶ **Socialização.** Conversão de conhecimento tácito em conhecimento tácito. O modo da socialização normalmente começa desenvolvendo um "campo" de interação que facilita o compartilhamento das experiências e dos modelos mentais dos membros.

▶ **Externalização.** Conversão de conhecimento tácito em conhecimento explícito. O modo de externalização é provocado pelo "diálogo ou pela reflexão coletiva", nos quais o emprego de uma metáfora ou analogia ajuda os membros da equipe a articularem o conhecimento tácito oculto, que, de outra forma, é difícil de ser comunicado.

▶ **Combinação.** Conversão de conhecimento explícito em conhecimento explícito, que pressupõe a troca de informações explícitas, envolvendo o uso da tecnologia da informação por meio de análise, categorização e reconfiguração de informações. O modo de combinação é provocado pela colocação do conhecimento recém-criado e do conhecimento já existente proveniente de outras seções da organização em uma "rede", cristalizando-os assim em um novo produto, serviço ou sistema gerencial.

▶ **Internalização.** Conversão de conhecimento explícito em conhecimento tácito. O "aprender fazendo" provoca a internalização e a criação de novos conhecimentos. Está intimamente relacionada ao processo de aprendizagem organizacional.

A organização tem a função de mobilizar o conhecimento tácito criado e acumulado no nível individual. A criação do conhecimento organizacional é um processo em espiral que começa no plano do indivíduo, vai-se ampliando aos níveis das equipes e transpassa os limites entre seções, departamentos, divisões.

Nonaka e Takeuchi afirmam que a principal razão do sucesso das empresas japonesas é sua competência na construção do conhecimento organizacional. A construção do conhecimento é conseguida quando se reconhece o relacionamento sinérgico entre o conhecimento tácito e o conhecimento explícito dentro de uma organização, e quando são elaborados processos sociais capazes de criar novos conhecimentos por meio da conversão do conhecimento tácito em conhecimento explícito (CHOO, 2006, p. 36-37).

A espiral do conhecimento por si só não esclarece todas as dúvidas em relação à criação e utilização desse conhecimento. Nonaka e Konno (1998) apresentam algumas questões complexas sobre as condições em que esse conhecimento é criado e sobre onde ele é criado e daí surge então o conceito de "Ba".

A Aplicação do Ciclo de Conversão do Conhecimento... 85

Segundo a Wikipédia, "o Ba é representado por um ideograma kanji que, em sua parte esquerda representa a terra, a água fervente, o crescimento e a parte direita significa a capacidade de realização. Um lado designa um potencial e o outro indica um tipo de motor ou um movimento que proporciona uma transformação. Qualifica-se como um Ba positivo as situações de compartilhamento que energizam as pessoas, tornando-as criativas, dentro de uma interação positiva e dinâmica. A parte direita do ideograma refere-se à filosofia do yin e do yang ou da transformação permanente".

Nonaka e Konno (1998) definem Ba como um espaço compartilhado que serve de base para a criação de conhecimento, seja este individual ou coletivo. É um espaço para as relações emergentes, podendo ser físico como um escritório; virtual; mental; ou uma múltipla combinação destas (ARADO, SANTANA e PAULINELLI, 2011).

Nonaka e Takeuchi, afirmam que "assim como uma planta precisa de um terreno fértil, água e sol para crescer e dar seus frutos, o conhecimento, para ser criado, precisa de um ambiente ou um clima favorável. O conhecimento necessita de um contexto físico para que seja criado. (...) depende de um determinado tempo e espaço. (...) muitos filósofos discutiram a importância do lugar na cognição e na ação humana. (...)". Nonaka e Takeuchi utilizam o termo Ba para definir "um contexto compartilhado em movimento, no qual o conhecimento é partilhado, criado e utilizado (...) proporciona a energia, a qualidade e os locais para desempenhar as conversões individuais de conhecimento e percorrer a espiral de conhecimento (...) o Ba é o tempo e espaço (...) onde o conhecimento emerge, como uma "corrente de significado". Para os autores, Ba não deve ser entendido apenas como um espaço físico, mas como interações que ocorrem em um tempo e local específicos. Podem emergir indivíduos, equipes de projeto, círculos informais, encontros temporários, espaços virtuais e no contato da linha de frente com o cliente. O Ba é um local existencial onde os participantes partilham seu contexto e criam novos significados através de interações (...) O Ba é uma forma de organizar a criação de significados, não um modo de organização, como hierarquia ou a rede" (LEGAL, CRUZ e SANTOS, 2011).

A empresa, quando vista como uma configuração orgânica de vários Ba, possibilita às pessoas interagirem umas com as outras e com o ambiente, com base no conhecimento que possuem e no significado que criam. Quando isto ocorre, é possível ver qual o tipo de conhecimento inserido e que tipo de interações são necessárias entre elas para criar conhecimento, sem estarem restritas à estrutura organizacional existente (LEGAL, CRUZ e SANTOS, 2011).

86 Inovação em Gestão de Projetos na Administração Pública

Ferramentas de gestão do conhecimento e suas aplicações em gestão de projetos

Diferentemente dos processos tradicionais e permanentes das organizações, um projeto tem início, meio e fim. Além disso, pressupõe uma alta capacidade de rastreabilidade e controle de fatores causais e resultados, o que não é verdade absoluta nem condição necessária em todos os processos das organizações. Contudo, os projetos têm em comum com os processos das organizações um importante fator: os fluxos de conhecimento envolvidos ultrapassam os chamados formais, que são registrados (codificados) em relatórios, memórias, desenhos, plantas, etc. Há também os fluxos informais de conhecimento, que acontecem nas interações humanas em ocasiões como reuniões, conversas nos ambientes de trabalho, telefonemas e outras situações *on-the-job*.

Em se tratando dos projetos, contudo, a rede é ainda mais intrincada porque, diferentemente das interações cotidianas da empresa, onde os funcionários de cada setor interagem sobretudo com aqueles de setores afins, com aqueles dos setores que executam processos anteriores ou posteriores aos seus na cadeia, em projetos os integrantes interagem com pessoas de diversos ambientes, dentro e fora da empresa, em diferentes momentos e em diferentes intensidades. A pressão do tempo atua como um intensificador dessas interações, fazendo com que as pessoas tenham maior necessidade de recorrer a outras fontes, para otimizar o tempo investido em cada atividade.

Desta forma, considerando o ciclo de conversão do conhecimento, ao contrário do que possa parecer, os gestores não podem apenas enfatizar os processos de externalização e combinação, precisando dar atenção equivalente, se não superior, aos processos de internalização e socialização. Faz-se necessário implantar iniciativas e ferramentas que proporcionem os fluxos de conhecimento formais e informais com a mesma intensidade, e que estes fluxos possam possibilitar o aumento do "estoque" de conhecimento das equipes de maneira igualitária. Os efeitos potenciais deste esforço incluem aumento da eficiência das equipes e o alcance das metas do projeto no tempo predeterminado, evitando-se retrabalho, investimentos em iniciativas semelhantes em grupos paralelos, perda de conhecimento relevante gerado no decorrer do projeto, entre outros.

Para direcionar os esforços de gestão do conhecimento em gestão de projetos, há três dimensões relevantes a serem analisadas. A primeira diz respeito aos próprios processos de conversão de conhecimento. A segunda, à abrangência que se intenciona para o compartilhamento do conhecimento. A terceira, à diversidade de instâncias de interação dos integrantes dos projetos. Os gestores dos projetos, de acordo com essas dimensões, podem utilizar diversas ferramentas de

A Aplicação do Ciclo de Conversão do Conhecimento... 87

gestão do conhecimento[1] para servir a seus propósitos de fomentar os processos de conversão do conhecimento, a partir de sua análise e decisão das melhores oportunidades e melhor aplicação de cada uma delas.

Conforme descrito anteriormente, há quatro processos de conversão de conhecimento: tácito para tácito (socialização), tácito para explícito (externalização), explícito para tácito (internalização) e explícito para explícito (combinação). No âmbito de um projeto, podemos exemplificar várias situações em que estes processos se verificam.

Na maior parte do tempo podemos observar o processo de **socialização**. As interações humanas nos grupos de projetos são usualmente intensas, e as pessoas estão frequentemente trocando experiências e informações relevantes para a execução dos trabalhos e a evolução do projeto. Para que os fluxos de conhecimento a partir da socialização não tenham sua intensidade determinada apenas pela disposição das pessoas em compartilhar (o que torna a socialização extremamente dependente da "boa vontade" dos indivíduos, ou até mesmo de sua maior ou menor habilidade em "ensinar"), os responsáveis pelo projeto podem fazer uso de ferramentas como *peer assist*, *mentoring*, *coaching* e *shadowing*.

As ferramentas citadas são métodos estruturados de compartilhamento de conhecimentos que pressupõem conhecimentos específicos a serem transmitidos e um plano de trabalho para que isso seja feito. Utilizando uma ou mais destas ferramentas, de forma alguma se está ignorando ou sublimando a importância das interações informais para a socialização. O uso destas ferramentas busca, sobretudo, assegurar que o conhecimento relevante para o grupo e os indivíduos seja compartilhado.

O *storytelling*, fóruns de discussão e painéis de especialistas também podem ser utilizados para intensificar e estruturar processos de socialização, pelo alto potencial de intensa troca de conhecimentos entre os participantes. Contudo, podemos também utilizá-los para a externalização, tendo em vista que, em sua preparação, durante e após sua realização há a possibilidade de registrar as experiências trocadas e os conhecimentos relevantes para o grupo, em relatórios, atas, anais, memórias, vídeos, etc.

Há ferramentas de gestão do conhecimento que podem ser utilizadas de forma bastante eficiente na **externalização**. Aqui falamos das comunidades de prática (CoPs), *after action review*, lições aprendidas, boas práticas, *benchmarking*, FAQs, páginas amarelas, blogs, wikis, portais corporativos, memórias de projeto,

---

[1] Lista de ferramentas propostas neste capítulo, com suas definições, está contida no Glossário.

88 Inovação em Gestão de Projetos na Administração Pública

peer review e *knowledge basis*. Todas essas ferramentas, considerando-se as suas diferenças conceituais, têm a função de registrar conhecimento adquirido no decorrer dos projetos nas mais diversas situações, como reuniões, experiências, ensaios, visitas, procedimentos que se tornaram normas e padrões.

É importante notar que as mesmas ferramentas servem aos propósitos de **internalização**. Isso porque os indivíduos, ao consultar os registros oriundos da execução destas ferramentas, têm a possiblidade de adquirir conhecimentos relevantes referentes ao projeto. Em casos muito simples, como afastamentos, viagens ou integração tardia à equipe, esses registros podem servir como ponto de partida ou até mesmo fonte integral de conhecimento para atuação no projeto.

No que tange à **combinação**, podemos citar blogs, wikis, memória de projetos, lições aprendidas, FAQs e boas práticas. Isso porque os indivíduos podem utilizar registros realizados através dessas ferramentas e combiná-los para produzir um terceiro registro.

As ferramentas e suas aplicações no ciclo de conversão do conhecimento estão representadas na figura a seguir. É importante observar que as ferramentas plotadas sobre linhas divisórias são aquelas que servem aos propósitos de ambos os processos de conversão.

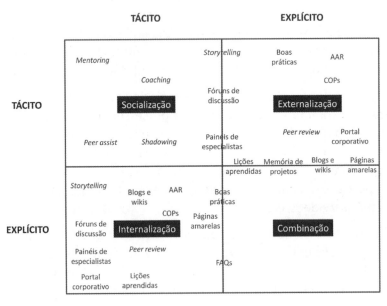

Figura 8.2. Ferramentas de gestão do conhecimento e suas respectivas aplicações nos processos de conversão de conhecimento (Fonte: as autoras).

A segunda dimensão de análise, abrangência que se intenciona para o compartilhamento do conhecimento, trata do número de pessoas envolvidas no processo de conversão do conhecimento. Isso significa dizer que as trocas podem acontecer de indivíduo para indivíduo (um para um), de um indivíduo para vários (um para vários) ou de vários para vários. O gestor do projeto, de acordo com seus objetivos e demandas de compartilhamento, toma a decisão de quais ferramentas utilizar, dependendo das circunstâncias e de quantos indivíduos de cada equipe ele precisa ou deseja envolver.

O *mentoring*, o *coaching*, o *shadowing* e o *peer assist* são ferramentas utilizadas no compartilhamento **um para um**. De **um para vários**, podemos citar, além do próprio *peer assist*, o *storytelling* e o *knowledge basis*. E, em se tratando de portal corporativo, FAQs, wikis e páginas amarelas, se considerarmos que os ambientes atuam como um único indivíduo. Estes também podem ser considerados de **vários para vários**, se tomarmos por premissa de que há, dentro dos ambientes, possibilidade para que diversos indivíduos colaborem e alimentem informações e conhecimentos relevantes. Além desses, podem ser utilizados como ferramentas de compartilhamento do tipo **vários para vários** os fóruns de discussão, os painéis de especialistas, os *after action reviews*, as lições aprendidas, os blogs, wikis, a memória de projetos, boas práticas e as COPs.

As ferramentas e suas aplicações de acordo com a abrangência desejada para o compartilhamento estão representadas na figura a seguir.

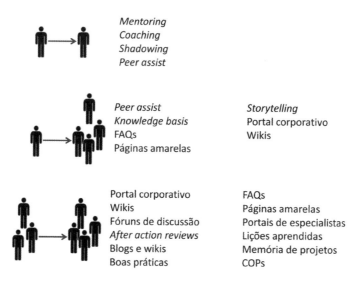

Figura 8.3. Ferramentas de gestão do conhecimento e suas respectivas abrangências de compartilhamento nos processos de conversão de conhecimento (Fonte: as autoras).

A terceira dimensão de análise refere-se às diversas instâncias para interação dos integrantes do projeto. A primeira é dentro da equipe – os indivíduos necessariamente interagem com outras pessoas alocadas na mesma equipe. A segunda instância diz respeito às interações dos indivíduos com membros de outras equipes dentro do mesmo projeto (porque cada projeto pode contar com mais de uma equipe). A terceira refere-se às interações das equipes, em sua totalidade, com outras equipes do mesmo projeto (por exemplo, em reuniões periódicas de acompanhamento de projeto). Uma quarta instância aponta para interações dos membros das equipes de projeto com pessoas de outros setores da organização, que não necessariamente estejam envolvidos diretamente no projeto. Uma quinta instância refere-se à possibilidade de membros das equipes interagirem com membros de equipes de outros projetos. Uma sexta indica a interação de integrantes das equipes de projeto com clientes, fornecedores ou outros *stakeholders* externos à organização.

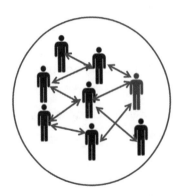

(1) Dentro da própria equipe

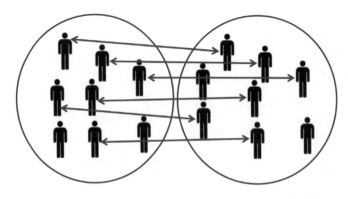

(2) Com pessoas de outra equipe, dentro do mesmo projeto

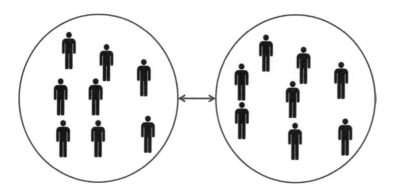

(3) Equipes inteiras dentro do mesmo projeto

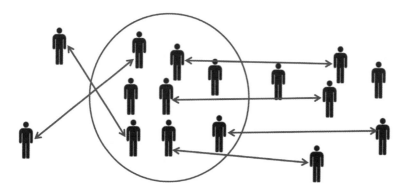

(4) Com outras pessoas de outros setores, dentro da mesma organização

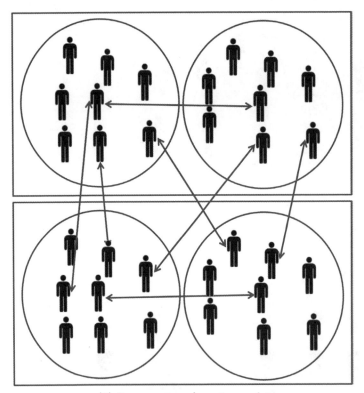

(5) Com pessoas de outro projeto

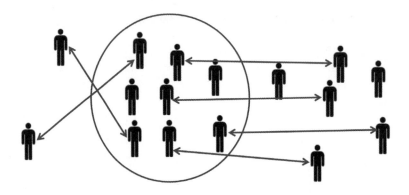

(6) Com *stakeholders* ou indivíduos fora da organização

========= **A Aplicação do Ciclo de Conversão do Conhecimento... 93**

Tendo-se em vista todas essas formas de interação, os gestores de projeto podem utilizar as ferramentas de gestão do conhecimento de acordo com as necessidades de compartilhamento e disseminação de conhecimento, tendo também por premissa os objetivos e as aplicações de cada uma delas. A Tabela 8.1 fornece uma proposta para utilização de ferramentas, de acordo com as interações observadas.

Tabela 8.1. Ferramentas de gestão do conhecimento aplicáveis para cada uma das naturezas de interação das equipes de projeto. (Fonte: adaptado de Terra, 2012)

Dentro da equipe	Dentro do projeto	Com equipes de outro projeto	Com indivíduos da organização	Com *stakeholders* e indivíduos externos à organização
Mentoring	✓			
Coaching	✓			
Shadowing	✓			
Peer assist	✓			
After Action Review	✓			
Peer review	✓	✓		
Boas práticas	✓	✓		
	Páginas amarelas			
Lições aprendidas	✓	✓	✓	
Memória de projetos	✓	✓		
Comunidades de prática				
Fóruns de discussão e painéis de especialistas				
Storytelling				
Blogs e wikis				
Portais, GED, gestão de conteúdo, *knowledge basis*				
Taxonomia				

Assim sendo, os gestores de projeto dispõem de diversos recursos em termos de ferramentas de gestão do conhecimento para intensificar os fluxos de conhecimento e facilitar os processos de conversão do conhecimento no âmbito dos projetos e de suas interações.

94   Inovação em Gestão de Projetos na Administração Pública

Glossário de ferramentas de gestão do conhecimento propostas neste capítulo

After Action Review. Reunião breve e focada, realizada pela equipe de projeto, que permite capturar conhecimento operacional útil que pode ser aportado imediatamente. Os produtos principais de uma AAR são lições e ações de melhoria para a equipe, registradas no banco de dados de lições da equipe. Algumas das lições podem, ocasionalmente, ter maior aplicabilidade e devem ser registradas no banco de dados de lições da empresa, compartilhadas com os especialistas em temas relevantes da matéria ou comunidades de prática.

Benchmarking. Método para comparar o desempenho de processos, prática de gestão ou produto da organização com outro análogo, que permite à organização entender as razões do desempenho superior, adaptar as correspondentes práticas e metodologias à sua realidade e implementar melhorias significativas.

Boas práticas. Desenvolvimento de uma metodologia robusta que inclua, entre outros elementos, a identificação e qualificação dos objetos de transferência; o escopo detalhado; as condições de entorno que podem influenciar no sucesso do processo; os indicadores específicos que devem ser observados para qualificar a maturidade da transferência; e o orçamento e os prazos disponíveis para a implementação.

Coaching. Metodologia que abrange apoiar, aconselhar e desenvolver um indivíduo tanto no campo profissional quanto no pessoal. Pode ser definido como o acompanhamento e a comunicação sistemática pelos indivíduos mais experientes para os demais ligados a uma determinada atividade. No caso do *coaching*, configura-se uma relação entre alguém que tem como objetivo evoluir em uma empresa (*coachee*) e um facilitador treinado (*coach*). A relação baseia-se em um plano de desenvolvimento que será executado pelo *coachee* com as orientações do *coach*.

Comunidades de prática. Grupos de pessoas ligadas informalmente por um interesse comum no aprendizado e, principalmente, na aplicação prática. A participação é voluntária, e um sentido comum de propósito é o que mantém a comunidade unida. Tais comunidades existem naturalmente em qualquer organização, não estando normalmente vinculadas às estruturas hierárquicas ou institucionais. Contam sempre com um moderador, que tem a principal atribuição de manter o grupo com um alto nível de energia e mobilização.

Knowledge basis **(bases de conhecimento).** Espaço virtual para armazenamento e acesso a fontes de conhecimento e documentos (tais como artigos,

A Aplicação do Ciclo de Conversão do Conhecimento... **95**

apresentações, tabelas, treinamentos ou qualquer outro tipo de arquivo). Forma o referencial metodológico e conceitual da organização, que pode ser utilizado como base para construção de novos conhecimentos e disponibilizado aos colaboradores de forma simples e organizada.

Lições aprendidas. Memória documentada contendo o relato das necessidades e/ou problemas encontrados durante a execução de um projeto ou atividade cotidiana que possa ser replicável em outras áreas. Soluções adotadas, dificuldades e restrições, além dos pontos positivos e negativos, também fazem parte deste relato.

Memória de projetos. Prática que abrange a organização do projeto, os diferentes participantes, suas competências, sua organização em seus grupos; a organização das referências utilizadas para realizar as etapas do projeto; os registros relacionados à realização do projeto, à resolução de problemas, à evolução das soluções, assim como à gestão dos incidentes encontrados. Também registra o objetivo principal do projeto, a estratégia global que guia as decisões e os resultados da concretização das decisões.

Páginas amarelas. Base de dados com o perfil e contato de todos os colaboradores, relacionando os projetos e temas em que já estiveram envolvidos, classificados de acordo com uma taxonomia comum.

Peer assist. Reunião de um grupo de colegas para obter *feedback* sobre um problema, projeto ou atividade. O objetivo da reunião é aprender a partir dos conhecimentos e da experiência dos participantes com temas relacionados ao problema, projeto ou atividade. Um *peer assist* pode acontecer antes de uma atividade, para ajudar no processo de planejamento, ou durante uma atividade, para ajudar a orientar a direção.

Peer review. Avaliação do trabalho criativo ou do desempenho de especialistas por outras pessoas na mesma área do conhecimento, objetivando manter ou melhorar sua qualidade.

Portal corporativo. Rede interna da empresa contendo navegação e estrutura de classificação dos conteúdos (arquitetura de informação) e inclusão de funcionalidades e conteúdos.

Storytelling. Método de passagem de conhecimento por meio de registro e difusão de casos e histórias, visando a transferências de valores e atitudes, competências sistêmicas e experiências. Também é um mecanismo para fomentar a reflexão e o desenvolvimento de *insights* e inovação. Envolve o desenvolvimento de registro em diversos formatos (escrito, audiovisual, digital ou físico) e sua aplicação no contexto de programas educacionais e/ou mais amplos para fortale-cimentos de aspectos da cultura organizacional.

Referências bibliográficas

AFTER ACTION REVIEW. Disponível em: <www.knoco.com/Knowledge-management-downloads.htm>. Acesso em: jun. 2013.

ALMEIDA, C.; TERRA, J. C. C. **Benchmarking buscando conhecimento e performance.** Disponível em: <http://biblioteca.terraforum.com.br/Paginas/Benchmarkingbuscandoconhecimentoeperformance.aspx>. Acesso em: 09 jul. 2013.

ARADO, F.; SANTANA, F. C.; PAULINELLI, R. **A Gestão do Conhecimento para potencializar a inovação em uma microempresa.** São Paulo: Senac, 2011.

BARROSO, A.; TERRA, J. C. C; RIJNBACH, C. **Metodologia de Replicação de Boas Práticas.** Disponível em: <http://biblioteca.terraforum.com.br/Paginas/MetodologiadeReplicaçãodeBoasPráticas.aspx>. Acesso em: 09 jul. 2013.

BROWN, J.; DENNING, S.; GROH, K.; PRUSAK, L. **Storytelling in Organizations.** Burlington: Elsevier Butterworth-Heinemann, 2005.

BRUSAMOLIN, V. Narrativas para a gestão de mudanças: um estudo de caso na indústria vidreira. **TransInformação**, v. 23, n. 1, p. 15-28, jan./abr., 2011.

CHOO, C. W. **A Organização do Conhecimento.** São Paulo: Senac, 2006.

DI STEFANO, R. **O Líder Coach:** líderes criando líderes. Rio de Janeiro: Qualitymark, 2005.

DIXON, N. M. The changing face of knowledge. **The Learning Organization,** v. 6, n. 5, p. 212-216, 1999.

DIXON, N. M. The neglected receiver of knowledge sharing. **Ivey Business Journal**, mar./abr. 2002.

HALL, D. T.; OTAZO, K. L.; HOLLENBECK, G. P. Behind closed doors: what really happens in executive coaching. **Organizational Dynamics**, v. 27, n. 3, p. 39-53, 1999.

HANSEN, M. T.; NOHRIA, N. How To Build Collaborative Advantage. **MIT Sloan Management Review**, fall, 2004.

KAPLAN, R. S.; NORTON, D. P. **A estratégia em ação:** balanced scorecard. 4 ed. Rio de Janeiro: Campus, 1997.

==================== A Aplicação do Ciclo de Conversão do Conhecimento... 97

KILBURG, R. R. **Executive coaching:** Developing managerial wisdom in a world of chaos, p. 213-231. 253 p. Washington: American Psychological Association, 2000.

LEGAL FILHO, C. A.; CRUZ, C. P. da; SANTOS, F. B. dos. **Utilização de Gestão do Conhecimento na criação de ambiente de compartilhamento organizacional que promova integração entre as áreas:** estudo de caso de um grande escritório de advocacia. São Paulo: Senac, 2011.

MORIN, E. **Os sete saberes necessários à educação do futuro.** São Paulo: Cortez, 2000.

NIXON, C.; BURMOOD, J. K. M. **World and Intranets 2008**. Information Today, Inc., Pennsylvania State University, 2008.

NONAKA, I.; KONNO, N. The Concept of "Ba": Building a Foundation for Knowledge Creation. **California Management Review**, v. 40, n. 3, spring, 1998. Disponível em: <http://www.ead.fea.usp.br/semead/7semead/paginas/artigos%20recebidos/Conhecimento/GC02_-_Estrategia_de_cria%E7ao_de_conhecimento.PDF>. Acesso em: jun. 2013.

NONAKA, I.; TAKEUCHI, H. **Criação do conhecimento na empresa:** como as empresas japonesas geram a dinâmica da inovação. Rio de Janeiro: Campus, 1997.

OECD. Peer Review: a Tool for cooperation and change. **OECD Policy Brief**, jan. 2007.

O'LEARY, D. E. Using AI in knowledge management: knowledge bases and ontologies. **Intelligent Systems and their Applications**, IEEE, University of Southern California, Los Angeles, CA, v. 13, n. 3, p. 34-39, May/Jun. 1998.

PACHECO, R. C. S.; KERN, V. M. Uma ontologia comum para a integração de bases de informações e conhecimento sobre ciência e tecnologia. **Ciência da informação**, Brasília, v. 30, n. 3, p. 56-63, set./dez. 2001.

PEER ASSIST. Disponível em: <www.knoco.com/Knowledge-management-downloads.htm>. Acesso em: jun. 2013.

SENGE, P. M. **A quinta disciplina.** 25 ed. São Paulo: Best Seller, 2009.

SENGE, P. M.; SCHARMER, C. O.; JAWORSKI, J.; FLOWERS, B. S. **Presença:** propósito humano e o campo do futuro. São Paulo: Cultrix, 2007.

SHATZ, D. **Peer review:** a critical inquiry. Oxford: Rowman & Littlefield, 2004.

SILVA, S. Informação e competitividade: a contextualização da gestão do conhecimento nos processos organizacionais. **Ci. Inf.**, Brasília, v. 31 n. 2, p. 142-151, maio/ago. 2002.

SOLE, D., WILSON, D. **Storytelling in Organizations:** The power and traps of using stories to share knowledge in organizations. Cambridge: Harvard Graduate School, 2002.

TAKEUCHI, H.; NONAKA, I. **Gestão do Conhecimento.** Porto Alegre: Bookman, 2008.

TERRA, J. C. **Dez Práticas para a Produção de Novos Conhecimentos.** Disponível em: <http://biblioteca.terraforum.com.br/Paginas/DezPráticaspara aProduçãodeNovosConhecimentos.aspx>. Acesso em: 09 jul. 2013.

TERRA, J. C. **Portais Corporativos:** múltiplos conceitos, perspectivas e desafios de estruturação. Disponível em: <http://biblioteca.terraforum.com.br/Paginas/PortaisCorporativosmúltiplosconceitos,perspectivasedesafiosdeestruturação. aspx>. Acesso em: 09 jul. 2013.

TERRA, J. C.; BAX, M. P. Portais corporativos: instrumento de gestão de informação e de conhecimento. *In*: PAIM, I. *et al.* **A gestão da informação e do conhecimento.** Belo Horizonte: ECI/UFMG, v. 1, p. 306, 2003.

TERRA, J. C.; ALMEIDA, C. Benchmarking: buscando conhecimento e performance. **Biblioteca TerraForum.** Disponível em: <http://biblioteca.terraforum.com.br/Paginas/Benchmarkingbuscandoconhecimentoeperformance.aspx>. Acesso em: jun. 2013.

Acompanhe a BRASPORT nas redes sociais e receba regularmente nossas informações sobre atualizações, promoções e lançamentos.

@Brasport

/brasporteditora

/editorabrasport

editorabrasport.blogspot.com

/editoraBrasport

Sua sugestão será bem-vinda!

Envie sua mensagem para marketing@brasport.com.br e informe se deseja receber nossas newsletters através do e-mail.

Este livro foi impresso na
GRÁFICA EDITORA STAMPPA
na cidade do Rio de Janeiro
em Julho de 2012